大夏书系·全国中小学班主任培训用书

走进生命的教育

Zoujin Shengming de Jiaoyu

——教练型班主任专业修炼

梁慧勤 著

华东师范大学出版社

ECNUP

全国百佳图书出版单位

谨以此书献给

生我育我的父亲母亲

|目录|

Part 3　成为学生的成长教练　107

Part 4　成为班级的团队教练　167

序一　让心灵丰盛　促现实丰满

—

　　神经语法程序学（NLP）在世纪之交传播进中国大陆，几年以后NLP教练技术也被引入中国。这些应用科学的传播与运用首先出现于企业管理和社会培训领域，教育界对其了解较晚。我有幸较早接触NLP，后来又接触NLP教练技术，十多年来学习与运用这些学问的过程让我受益匪浅：人从消极到积极、从被动到主动、从焦虑到平和再到不断提升，内心逐渐变得强大与丰盛；潜能持续被开发出来，思维模式从过去比较守常到更灵活、更有效。当我也能感觉到自己比以前更聪明、更富智慧、更有创造性时，内心充满了喜悦与感恩。我深深体会到这些学问对于个体心灵提升、潜能开发的巨大价值。作为长期从事中小学校长、教师培训工作的高校教师，我特别希望能够在推动教师专业发展的过程中传播与推广这些应用科学，帮助面对极大工作压力的一线教师跳出内心枯竭疲惫的困境，去改变心态，开发潜能，发挥智慧，从而有效、高效地面对工作与人生的挑战。我也因此做了一些传播与推广的工作。

　　2009年，慧勤老师邀请我为她的课题做一些培训与指导工作，我很高兴，因为这是把NLP教练技术等新的应用科学引进教育领域的一次行动研究。当我参与其中时，我不仅能感受到老师们渴望学习提升的热情，更能感受到课题培训与课题研究的效果。从2010年开始，课题组就通过短信发布"教练型班主任每周分享"，开始时是慧勤老师提供，后来发展到课题组的其他成员也参与其中。我常把保留在我手机中的一线班主任们的分享语录向别的班主任作介绍。以下随机选取几条与大家分享，我们可以从他们学习与思想的成果中感受到他们的成长与智慧。

- 当我们越是想杜绝问题，就越是加强了对问题的执著；越对外渴求，就越感到内在的匮乏。如果不想要这样的痛苦，就问问自己：我想要什么？可以从问题中学到什么？真正的心灵教练，就是你自己！

- 怎样才算是接纳自己？既接纳自己成功的部分，也接纳自己失败的部分；既接纳自己强大的部分，也接纳自己脆弱的部分。承认自己的多面，才能接纳一个最完整的自己。

- 有时候我们的思想会被事情的表象框住，带来负面的感受。试着问问：这件事对我有什么好处？当中有没有一些值得肯定的地方？为事情重定意义，给思想换框，你就能看到自己身上的资源。

- 用理解学生的不容易，替代对学生的不满意。因为学生每一个不良行为的背后，一定有些未被满足的内在期待；每一个有违纪行为的个体，几乎都有不被爱的痛苦经历。

- 语言归类法在做学生工作中的妙用：应对学生不良行为时，上归类肯定正面动机，下归类将问题具体化，横归类探讨多种可能；处理两方冲突时，上归类寻共识，下归类理分歧，横归类找方法。

- 开学第一课，如何一开口就抓住学生的注意力？试试用短提问代替要求：你对自己有什么新的期待呢？你能想象老师会带来什么新惊喜吗？你决定要超越别人还是被超越呢？无论开放或封闭的问题，最好连问七个以上，这对建立联系、营造氛围、引发思考很有帮助。

经过几年的努力，"应用教练技术促进班主任专业成长的研究"课题结项，更重要的是借此培养了一批优秀的中小学班主任。今天，当我看着慧勤老师在带领中小学一线班主任进行培训和课题研究所取得的成果的基础上完成的这本书稿时，我更进一步看到老师们的成长和他们的智慧与创造性。除此以外，慧勤老师还开发出中小学教师继续教育面授和网络课程——"教练型班主任工作方略"，她在培训过程中逐步形成了自己独特的教学（培训）风格，其《教练式培训，为班主任专业成长助燃》获广州市德育创新成果一等奖；《基于教练技术的班主任培训方略》在全国中小学教师培训权威刊物《中小学教师培训》举办的"创刊 30 周年征文"评奖活动中获特等奖，并发表于《中小学教师培训》（CN22-1214/G4，2014 年 12 月），全文被转载于人大复印资料《中小学学校管理》（CN11-4300/G2，2015 年 4 月）。这一系列成果对于把教练技术等新的教育技术手段引进学校教育和教师培训是一个很好的示范。

二

"理想很丰满，现实很骨感"是时下流行的一种对现实生存环境感受的描述和对于理想与现实之间差距的无奈表达。许多人会抱怨现实环境。毋庸置疑，环境确实需要改善，但环境的改变往往非我们个人能力所及。我们可以做什么？怎样才能让自己跳出困境？事实上，不同的人在面临相似的情境时会有不同的表现，因而也就有不同的结果。所以我们可以改变我们自己：通过学习提升，让我们的心态变得更积极，让我们的思维模式变得更有效，把我们的智慧开发出来，这将令我们的工作、人生从此不同。而要达此目标，需要"道""术"兼修。

首先，要觉察和调整自己的信念系统，因为人的信念支配其态度与行为。在我们个体的信念系统中，会有一些积极、有效的信念，但也不可避免地存在一些消极、无效的信念。需要指出的是，由于许多信念存在于我们的潜意识中，因此有时候我们虽然并未意识到这些信念，但实际上它们仍然是我们为人处世、选择不同态度和行为方式的动因。所以，不断觉察并调整优化自己的信念系统非常重要。这是在"道"的层面上的提升。

本书在第一章的"教练型班主任的基本信念"中介绍的九条信念，看似简单，但如果能真正成为你的信念和思维模式，将让你终身受益。你需要理解这些信念，并经常用此提醒自己。例如，我们常会对学习困难的学生失去信心，而经常提醒自己**"每个学生都已具备足够的成长资源"**，我们就会更多地去关注和寻找学生身上的优点、积极面和资源，心态容易变得积极。

又如，我们有时自己会说或者听到身边的人说"没有办法"，其实，人的语言会引导其思维，当我们说"没有办法"的时候，大脑不会再去想办法，而正好休息一下。所以实际上常常并不是"没有办法"，而是你**认为**"没有办法"，因此大脑不再去想办法，结果就真的没有办法了。如果我们不断提醒自己**"每个问题至少有三种解决方法"**，就会推动大脑不断想办法，让我们的思维变得灵活，我们的智慧就会不断发挥出来。

"无所谓失败，所有发生的事情都是促进成长的学习过程。"乍听起来，这好像是不面对现实，否认失败。其实，失败往往是指我们"没有实现预期的目标"，"无所谓失败"并非不承认失败，而是让我们在面对失败时，不是去聚焦于没有达到的预期目标，而是聚焦于从中学习到了什么。因为聚焦于前者往往让人感到沮丧、力量减少，又于事无补。实际上，人们常常并不是通过一次行动就能够达到目标的，在屡次没有达到目标的过程中，我们不断从失败中学习并进行调整，从而最终达到目标。回过头来看，确实每一次的失败都是学习的机会。我们很熟悉的一句话是"失败是成功之母"，但事实是，如果不从失败中学习，失败永远不会变为成功之母。从这个角度看待失败，我们的心态会比较平和。

总之，遇到问题及时用这些信念提醒自己，我们自己会逐步调整看问题的角度，从而使自己的思维方式更有效，心态更积极、灵活、平和，内心感到丰盛、喜悦。只有这样，班主任才可能成为学生的"人生导师"。

其次，从理论到实践往往需要一个技术环节，这样才能解决"最后一公里"的问题。NLP和教练技术的另一大特点是实操性很强，基本上有一个理论，就有一个对应的操作技术。这对一线老师非常实用。在第2—4章中慧勤老师介绍的很多技术，以及课题组老师们的应用实例，为我们提供了一套非常有用也有效的工具箱。其中既包括班主任作为班级领导者进行班级规划时可以用的理解层次贯通法，为班主任进行班级建设作顶层设计提供思考的脚手架；更有大量有效沟通、有效引导和教育学生的技巧，为班主任的常规工作提供了更多的选择。学习与践行这些技术是在"术"的层面上的修炼，它需要为教师对学生、对教育的热爱提供不竭的动力，同时需要以上述提到的"道"的层面，即信念系统层面的调整、完善与提升为前提。否则，这些"术"的运用效果恐怕有限。而且，事实上"道"明则"术"生，只要在信念系统层面提升到位，心态积极、灵活、平和，教师不仅能有效运用教练技术，还能发挥自己的聪明才智，创造出新的技术。

非常可喜的是课题组的一线老师们把教练技术创造性地运用到班主任的工作过程中，为如何运用教练技术作出了很好的示范。我们也可以从中看到，当老师们心态积极、内心丰盛，他们的智慧就会迸发出来，使班主任工作更有效率，有更好的效果，使我们的学校教育更丰满，从而助力千千万万孩子更健康地成长。这将是我们传播这些理论和技术的最大价值所在。

感谢慧勤老师和她的团队为促进教师，特别是班主任的专业发展做了一件大好事！慧勤老师的名字也让我有一份期待：期待教育一线有更多**勤**奋敬业的老师能够通过学习提升发挥智**慧**，为实现中国教育之梦和我们自己的人生梦想加油助力、增添光彩！

王小棉

广东省第二师范学院心理学教授

广东省中小学校长培训中心副主任

广东省中小学德育研究与指导中心副主任

广东省社会心理学会副会长

序二 改变，从"心"开始

班主任真是辛苦。女儿（一年级）的班主任老师每天早晨8点半，就开始了微信直播：课前5分钟演讲，课堂和户外的学习片断，每天的"小鱼晋级"明星，每两周的"家长课堂""社会实践"……一学期里，班主任老师给孩子们的"小奖状"就写了几百张。我相信，许多班主任老师都是这样任劳任怨、默默耕耘着，十几年，甚至几十年。

班主任如此重要，他们不仅是孩子们的人生导师，更是许多孩子一生中的"重要他人"。不同的"心念"会带来不同的结果。学生是一个罐子，每时每刻被塞进去不同的知识、道理和技能？还是，学生是一颗种子，相信他（她）拥有足够的生命力、内在资源和成长的意愿，只要吸收了阳光、雨露，就能长成一棵参天大树？在孩子们成长的过程中，班主任是灌输者、监督者，还是激发者、陪伴者？

在管理学大师彼得·德鲁克（Peter F. Drucker）的著作《旁观者》中，我最挚爱的是《怀恩师》一章，那里面闪现着众多"教练式导师"，他们擅长于"激发学生学习，而且凭借着一种方法来引导学生学习"，他们认为"给学生的主要奖励就是满足感和成就感"。有一位老师弗格森，学生们走出他的课堂时，眼中无不闪烁着兴奋的光芒——不是为弗格森老师说的或做的，而是为他"引导他们"说出来或者做出来的。

改变，由内而外，从"心"开始。

一开始，是觉察自己的内心。作为班主任老师，我心中有怎样的愿景：这是一份挣钱的工作、一个稳定的职业，还是一个"唤醒生命"的历程？我是怎样关爱自己的——当我努力了、有进展的时候，或是努力了、没进展的时候，我是否真心地欣赏和肯定自己？当我做不到的时候，我能否真的接纳自己？当我情绪波动、不被人理解，或是筋疲力尽时，我是如何给自己赋能的？

慢慢地，能够洞察他人的内心。孩子们一些特立独行的言行背后，他们真正渴望的是什么？被认可、被理解，还是被关心、有价值？孩子们的不同观点中，有哪些宝贵的正向资源？还可以调整或是添加一些什么因素？孩子们在成长中，如何成为自己的领导者、班级的领导者，释放出更加丰盛的生命能量？

教练型班主任的精髓在于，他们不是自己跳进去解决一个又一个的问题，而是通过提问、回应等方式，让孩子们有所觉察，激发出他们的智慧，让他们承担起责任，从而改变"心智模式"。教练型班主任的魅力在于，让孩子们感受到主动成长的快乐。

近十几年来，教练技术在企业管理中得到广泛应用，成效卓著。我特别欣喜的是，一些教育工作者也将其应用于班主任培养、教学管理中，慧勤老师就是其中执著于此且收获成果的一位。数年来，她不仅自己勤于学习、勇于实践，而且还带领一批中小学班主任老师，将教练技术应用于班级管理和学校管理中，并将宝贵的实践经验转化为一系列创新的科研课题。

慧勤老师在本书中将一系列生动有趣的案例娓娓道来，我尤其感动于最后一章《成为班级的团队教练》中的几个案例：建立班级归属感、激发团队创造力。假如，我们的孩子能在学校中感受到愿景、使命和价值观；在面对问题时，激发自己和团队的正能量；开放而坦诚地群策群力、达成共识；在作出重要决策时，团队成员既有梦想、挑战，又严谨和务实……那么，我们或许可以多一点自信和希望，去回答钱学森先生的殷切之问："为什么我们的学校总是培养不出杰出人才？"

或许，我们也更能领悟清代名臣张之洞的深邃之言，"世运之明晦，人才之盛衰，其表在政，其里在学。"

曹宇红

中科院心理所"管理者的心理资本"研究生班特聘讲师

北京大学"国际MBA"职业生涯和领导力教练

中关村人才协会"心理资本委员会"主席

自序　积攒生命中的闪光时刻

有一位年轻人，在一次旅行中迷路了。借着昏暗的夜色，他发现远处有若隐若现的灯光，心想一定是有人家，便加快了脚步，想过去借宿一晚。

走着走着，他被什么东西绊了一下，差点摔倒了，低头查看原来是鞋带松了。他赶紧蹲下来系好鞋带，一抬头看到了身边立着一座墓碑。细看墓碑上的文字，他大吃一惊："哟，这个墓的主人怎么才只有2岁？"借着微弱的光线，他环顾四周，原来路的两边都立满了墓碑。他继续向前查看了几个，发现几乎所有的墓碑上面刻着的年龄都很小，有3岁、4岁的，有1岁3个月的、2岁6个月的……

"这是怎么回事？"带着这个奇怪的问题，他走入了村子。在一处山坡上，他敲开了一道有橘黄色灯光的房门，迎接他的是一位白发苍苍的白胡子老人。

老人看上去很慈祥，他热情地邀请年轻人进屋，给他端上热热的汤和食物。吃饱喝足后，年轻人忍不住向老人提出了心中的疑问。老人沉默了很久，终于开口说："好吧，年轻人，我年纪已经很大了，或许我可以把这个几百年来的秘密告诉你。"

"在我们这里，记载一个人的寿命，从来不会看他到底活了多久，而是看他一生当中的闪光时刻加在一起有多长，比如说给别人一个友善的微笑，一次温暖的帮助，一次及时的援手等等。通过自己的行动为他人和社会带来美好和幸福的同时，体会到自己生命的喜悦和丰盛，这样的时间就是我们所说的'闪光时刻'，我们觉得这才是生命真正活着的时间。我们每天都会作一个记录，最后以此来计算我们真正的寿命。"……

多年以前，当我第一次读到这个故事时，我的心为之一颤！很多声音从我的脑海中涌出：

我每天忙忙碌碌，带给他人美好和幸福了吗？带给自己喜悦和丰盛了吗？

我为自己积攒生命中的闪光时刻了吗？

我该如何去积攒更多的闪光时刻呢？

当内心有了这样的意愿，面对自己的专业工作，我的感觉变得更加灵敏。作为一名集教研、科研和培训于一体的教研员，从2007年起，我的工作重点开始聚焦于班主任这一群体上。由于工作的关系，我经常会与区域内的班主任接触和交流，看他们撰写的工作经验和论文。他们在谈到班主任的专业素质时提到最多的是有爱心、负责任，而学校在选拔和任用班主任的过程当中也多是以此为标准。而事实上，我看到很多班主任的内心是枯竭的，方法是有限的。

我感到自己的内心被一些东西推动着，我的脑子里开始冒出了很多的想法。我开始大量阅读心理学和管理学领域的书籍和杂志，因为我相信心理学的前沿研究是教育学未来发展的重要基础，而企业管理的成功经验可以给教育管理的优化提供有益的借鉴。渐渐地，我开始感觉光靠阅读还不足以让我很好地理解和掌握新知识新技能。于是我利用业余时间，自费参加了一些心理学学科前沿流派的系统培训和面向企业高管的管理类专业课程。跨界的学习为我打开了一片天空，让我看到了很多新的可能性。特别是对国际上最新的管理模式——教练技术的相关理论和技术进行了深入学习后，我感觉到教练技术的理念十分切合学校以及班级管理工作的特点，教练技术中使用的工具方法易操作且效果显著，能

x

否将它们借鉴过来，让班主任的工作也变得省力高效呢？

边学习边实践，从 2009 年开始，我尝试将教练技术的理念与技术一点一点地应用于促进班主任专业成长的教科培工作之中。2010 年之后，藉由省、市级两个教育规划课题研究的先后立项，基于教练技术的班主任专业发展研训活动便在区域内如火如荼地进行。

这几年当中，班主任们的变化和成长给了我莫大的鼓舞。特别不能忘怀的是，培训课堂上，学员们流下的感人泪水、露出的自信笑容、表达的真心话语……每一个场景都是一个独一无二的闪光时刻。培训结束后常常会有老师告诉我，回到班级中发现自己最大的变化是心境更平和，面对学生的各种状况不再那么容易生气了，这样可以更冷静地思考，由此觉得学生也更加可爱了。还有很多老师告诉我，现在在学生面前已经逐渐养成了提问的习惯，不会轻易下判断、作评价，由此与学生的关系更加融洽了。看到老师们从厌倦班主任工作到享受班主任工作，从对问题学生无计可施到灵活应对，从忙碌于琐碎事务到轻松带领班级，我深深感受到发自内心的喜悦。一名班主任的成长能推动几十名学生的成长，从而影响到几十个家庭，这让我切实体验到自己作为教研员存在的意义和价值。

边实践边提炼，为了让更多的班主任能学习到轻松有效的工作方法，真正获得专业成长带来的幸福感，2013 年我萌生了新的念头。我开始在忙碌的工作之余着手将这几年研究和培训获得的体会和心得，以及经过老师们实践证明有效的方法写下来，最终形成了这本理论浅显、案例丰富的书稿。在表现手法上，我有意从读者的角度出发进行设计，将教练的理念和策略浸入其中，力求全书生动有趣、通俗易懂。

由于自己的能力有限，写作的过程有艰辛，我也曾退缩，所幸还是坚持了下来，因为我知道我正在用实际行动积攒着自己生命中的闪光时刻。

导　语

印度有一个国王，想打造一张非常名贵的床，于是命人搜集了大量的黄金和珠宝。同时，为了确立一个合乎全国百姓尺寸的标准长度，他量度了全国所有成年人的身高，除以全国人口的总数，得到了全国人民身高的平均值。照着这个平均值，工匠终于打造出了一张镶满黄金珠宝的床。

每天晚上，他都会邀请一位大臣或百姓在他的黄金床上睡一晚。只是有一个条件，就是那个人的身高要刚好和床相匹配。如果这个人太高，国王就会叫刀斧手砍下他双脚长出的部分，好让他能刚好躺在床上。如果这个人太矮，国王就会叫两位大力士，抓住他的肩膀和双脚用力地往外拉，使他符合这张床的长度。

一定要让躺在床上的人符合床的长度，是国王每天一定要做的事。

你一定觉得故事中的这个国王是个神经病！残忍！不可理喻！但现实当中，我们何尝不是经常把一些个人的思维、观念和要求强加在学生身上，要求他们按一个标准来发展呢？

如果不想要这样，我们怎样可以做到更好呢？

我是谁

来自班主任的感受

在一次非正式的聚会中，几位班主任坐在一起，谈论着各自对自己工作的感受。

杨老师：对于这个学生，我倾注了那么多的爱心和耐心。我一次又一次地找他谈心，希望能改变他。我也想了很多办法与他的家长联系，想改变家长，结果让我很失望。我发现我的期望太多了，其实什么也改变不了。现在我对自己说，我只是在从事一项职业而已，教好书就行了。

邝老师：我认同班主任应该是学生的人生导师，这很崇高。可每天早上我精神抖擞地走进学校，跟着是手脚不停地处理学生的各种问题、纷争，晚上回到家已是半死不活了。让我特别难过的是，我再怎样努力，我们班的成绩还是落在了最后。没有人知道我这两年哭过多少次，有多少个晚上失眠，因为工作的压力与家人吵过多少次。我觉得自己就像个不停奔跑于各个"火场"灭火的消防队员。

马老师：这些学生少看一眼也不行，我每天都会不定时到班上检查他们的表现。学生也越来越精了，很多时候我都得明察暗访，才能弄清情况，就像警察破案一样。即使工作辛苦又琐碎，但我还是一刻也不能放松，不然文明班评比就没戏。

刘老师：我很爱我的学生，但我发现温情教育的效果总是比不上使用严格的纪律来得快。我们的校长说过，尽管让学生们恨你吧，只要他们服从你就够了。这与我以前在大学里学过的理论完全不同。我觉得自己变成了球场上的裁判，谁敢违反纪律，马上给他一张"红牌"。这样，他们马上就老实了。

邓老师：我最怕的就是学校安排我出去参加教研活动或培训了。不仅是因为回来要补回那么多的课，更烦人的是每次我回来后，都会收到科任老师和级长对我们班学生的一大堆投诉。结果是，我还要花更多的时间去做学生的工作，解决问题。现在我干脆就尽量不外出，像保姆一样照看着他们。

……

班主任们在一起，总有倒不完的苦水，说不完的委屈。确实，很多老师宁愿多教几节课也不愿当班主任。教书起码还有教材、教辅资料，有教学模式可循；育人则既无现成的教材，也无具体的模式，费心劳神地做了许多努力，结果往往是低效劳动或无效劳动，班主任们感觉累得冤枉！

来自外界的期待

自1952年我国在中小学设立班主任一职以来，作为直接承担着学生思想道德教育的重任、全面关怀学生身心发展的教育人员，班主任的作用毋庸置疑。进入21世纪，随着时代的发展，现代化进程日益加快。人们在生活水平不断提高的同时，对教育赋予了更多的期望。在教育内部，伴随着教育改革的深化，素质教育的实施，学生成长新情况、新特点的出现，社会各界对班主任提出了更高的育人要求。

2004 年 2 月，国务院发布的《中共中央国务院关于进一步加强和改进未成年人思想道德建设的若干意见》指出："要完善学校的班主任制度，高度重视班主任工作，选派思想素质好、业务水平高、奉献精神强的优秀教师担任班主任。"从文件上对班主任的素质、能力提出了明确的要求。

2006 年 6 月，教育部出台的《关于进一步加强中小学班主任工作的意见》强调："中小学班主任是中小学教师队伍的重要组成部分，是班级工作的组织者、班集体建设的指导者、中小学生健康成长的引领者，是中小学思想道德教育的骨干，是沟通家长和社区的桥梁，是实施素质教育的重要力量。"对班主任的身份作了进一步的明确。

2009 年 8 月，教育部印发的《中小学班主任工作规定》明确了："班主任是中小学日常思想道德教育和学生管理工作的主要实施者，是中小学生健康成长的引领者，班主任要努力成为中小学生的人生导师。"对班主任在学生生命成长中所应扮演的角色身份赋予了较高的定位。

教育理论界对班主任的研究则走得更早。2002 年 10 月，全国第 11 届班集体建设理论研讨会上，首都师范大学的王海燕副教授首次提出"班主任专业化"这一理念，标志着我国中小学班主任工作范式从"业余班主任工作"向"班主任专业化"转型。对于班主任的专业身份，班华教授在他的文章中多次指出，班主任应该是学生的"重要他人"和"精神关怀者"。他认为，作为实现培养目标的主要角色，班主任在班级教育中的地位、角色赋予的教育职责、与学生的特殊关系等方面的客观条件，以及班主任自身具有的主观条件，如良好的师德、人格魅力、真诚地关爱学生、和学生的心灵沟通、和谐的师生关系、较强的教育教学能力、善用教育艺术等，都体现出班主任最可能，也最应该成为学生发展的"重要他人"。同时他认为，班主任最根本的教育理念、最重要的教育品质就是对学生的精神关怀，关心、理解、尊重、信任是关怀情感的基本表现。

此外，不少专家、学者都对班主任在专业化发展过程中的身份定位进行了广泛的研究。

实然身份如何走向应然身份

由此，班主任"骨感"的实然身份，与崇高的应然身份形成了鲜明的对比，以至于很多老师怀揣崇高的职业理想在班主任岗位上摸爬滚打后，总会发出这样的疑问：

——我到底是谁？

班主任们知道自己应该成为学生的"重要他人""精神关怀者"和"人生导师"，但他们实际上却一直在做着"保姆""消防员""警察"和"裁判"的工作。

"保姆""消防员""警察"和"裁判"能否成长为学生的"重要他人""精神关怀者"和"人生导师"呢？

——如何成长？

有没有一种**中间阶段的身份**帮助班主任过渡？

实然身份走向应然身份的**路径在哪里？**

对照班华教授对"重要他人"和"精神关怀者"的阐述，班主任应该具体做些什么才算是真诚地关爱学生、和学生有心灵的沟通，以及有了和谐的师生关系呢？怎样的行为才算是关心、理解、尊重、信任了学生呢？

很长一段时间里，我的脑海中都萦绕着这些问题，直到看到一场球赛。赛场上，裁判一直盯着运动员的表现，观察他们是否犯规，然后运用手中的权力来惩罚球员，以此监督赛场的秩序。教练虽然只在场边陪同运动员比赛，却全身心投入其中。不仅为队员每次得分而激动欢呼，给予及时肯定；更为队员每个失误而紧张懊恼，及时出谋划策。这真是一个有趣的画面，让我顿时有所觉察：

裁判和教练，到底是谁推动运动员在竞赛中获得胜利的？

如果将学生比作运动员，裁判型的班主任和教练型的班主任，哪种身份更能促进学生的成长呢？

教练和教练技术

关于教练

"Coach"一词，在英语中最早是指四轮大马车，及坐马车旅行。后来引申为"教练"，是取其相近的寓意：马车将某人从 A 地带到 B 地；教练就像一个交通工具，带着运动员从现有状态到达理想状态，或者说实现期待的目标。

众所周知，在体育界，教练是不可或缺的角色。即使是水平再高的运动员，都离不开教练的指导。

有"空中飞人"之称的美国职业篮球运动员迈克尔·乔丹（Michael Jordan），在 NBA 职业生涯中创造了不胜枚举的纪录，被誉为"全世界最优秀的篮球运动员"。谁会想到，在念大学时，他曾被踢出过学校的篮球队。直到遇到了教练菲力普·杰克逊 (Philip Jackson)，他才逐渐成为了最好的篮球手。

著名的奥运会跨栏冠军刘翔，在读小学的时候就被慧眼独具的孙海平选中，在少年体校练习跨栏。当时，孙海平出差去选拔苗子，等他回到莘庄基地时，发现那个叫刘翔的男孩不见了。原来，别的教练看到刘翔个子矮小、身材单薄，认为他不是一块好料子，就让刘翔的父母将他领回家去了。为此脾性温和的孙海平还大发雷霆，上门反复做家长思想工作，刘翔才得以继续跟着孙海平练跨栏，才有了后来辉煌的成绩。

可以想象，运动员要想从现有状态到达理想状态（实现目标），大都不是一帆风顺的，过程中总会遇到各种困难、障碍。教练的独特之处就在于，他不一定技术水平特别高超，不一定比运动员做得更好，但教练能看到运动员面临的困难和障碍，并且可以通过技术性的手段激励运动员，帮助他们最大限度地发挥潜能、将障碍转化成超越自我的资源，从而成为运动员夺冠军、拿金牌的有力推手（见图1-1）。

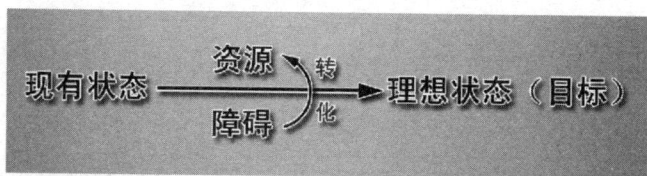

图 1-1 教练的工作原理

那么，优秀的教练是如何独具慧眼，激发运动员的潜能的呢？这里面有些什么不为人知的技术作支持吗？

关于教练技术（Coaching Technologies）

教练技术起源于 20 世纪 70 年代，这里有一个故事：

1975 年，一位叫添·高威（Timothy Gallwey）的美国前网球冠军、教练写了一本名叫《网球的内在诀窍》（*The Inner Game of Tennis*）的书。书中展示了一种独特而基本的方法，可以帮助人们在 20 分钟内学会打网球。当时，并没有人相信他的话。

后来，美国 ABC 电视台以"质疑者"的身份出现了。他们为了揭露添·高威所说的"谎言"，组织了 20 个从来没有打过网球的人作为试验者，要求添·高威教会他们打网球。

当天，20位试验者来到现场，有一位叫莫莉（Molly）的女人竟然穿了一条像水桶一样的长裙！她有170磅，已多年不运动了。她赶来是想说自己不参加了。没想到，她竟成为了第一个被"教练"的对象。

只见添·高威轻松地挥着球拍告诉莫莉，不要去担心姿势和步伐的对错，不要一副竭尽全力的样子。其实很简单，当球飞过来，用球拍去接，接中了就说"击中（Hit）"；如果球落到了地上，就说"飞弹（Bouce）"。莫莉就照着他的话去做，一副很无所谓的样子，反正不是"击中"就是"飞弹"，一切易如反掌。

添·高威接着告诉莫莉，留意球飞来的弧线，留意聆听球的声音，把焦点集中在球上。逐渐地，人们看到电视中的莫莉明显地"击中"的机会多了，"飞弹"的时候少了。

最后只有三分钟的时间了。添·高威开始教莫莉网球中最难的部分——发球。添·高威对她说："想想你是怎么跳舞的，哼着音乐也可以。闭上眼睛，想象跳舞的样子。然后睁开眼睛，随着那节奏发球。"结果，在最后一分钟里，穿着窄裙的莫莉虽然很不方便，但是很自如地在打网球了！

在这次现场直播中，添·高威证实了他提出的不可思议的诺言：他在20分钟内让一个完全不会打网球的人学会打网球的基本技巧并能熟练地打球。事后莫莉承认："如果老是想怎么动反而就打得不好了。"教练鼓励她集中精神去做些事情，忘却恐惧，结果她成功了。

后来，这个电视节目引起了美国AT&T公司高层管理者的兴趣，他们邀请这个网球教练给公司的经理们讲课。这让添·高威感到很惊奇。更令人诧异的是，当添·高威讲完他如何教人打网球后，他发现那些经理们记下的笔记内容却完全与网球无关，反而都是企业管理方面的内容。事实上，这些管理者们很快就从这运动场上的教练方式中看到了新的信息——教练技术能够帮助管理者和领导人支持他们的属下更好地掌控他们的工作和事业，并能获得在当时传统的"命令—控制"型管理文化下少有的效果。

于是，一种崭新的管理技术——教练技术就此诞生了！而添·高威本人也放弃了网球教练的工作，到各大企业中讲授教练技术，成为了一名企业教练。

关于教练技术，不少学者都从不同角度提出了不同的理解。目前在国内，较多人认同的一种提法是由黄荣华、梁立邦两位学者在《人本教练模式》中提出的观点。他们认为教练技术是一门通过完善心智模式来发挥潜能，提升效率的管理技术。所谓心智模式，是管理学大师、美国麻省理工大学（MIT）史隆管理学院资深教授、国际组织学习协会（SOL）创始人彼得·圣吉（Peter M. Senge）在《第五项修炼》中提出的概念，是指"深植于我们心灵的各种图像、假设和故事，就好像一块玻璃微妙地扭曲了我们的视野一样，心智模式也决定了我们对世界的看法"。不管人们是否意识到自己的心智模式，心智模式就像一面筛子，使人们有选择地选取符合这种心智模式的信息，而对其他信息则可能完全视而不见，或者通过各种方式予以否定、选择性地记忆或扭曲等。国际教练联合会北京分会黄学焦会长认为，教练技术是融出世与入世、理论与实践、"人"和"事"为一体的综合变革系统，出世追求精神愉悦，是一套思想；入世追求现实创造，包括工具和流程。

随着 AT&T、IBM、通用电器、苹果电脑、可口可乐、福特、日本丰田等巨型企业先后引入教练技术，从 20 世纪 80 年代开始至今的短短30 多年中，教练技术迅速风行欧美，成为一个年轻而兴盛的行业。据国外专家评估，在组织中应用教练技术，可以获得投一返六的回报。曾被称为"世界第一 CEO"的原通用电气（GE）董事长兼 CEO 杰克·韦尔奇（Jack Welch）就曾说过："一流的 CEO 首先是一名教练，伟大的 CEO 是伟大的教练。"他表示退休后就要当一名教练。目前，教练技术除了被应用于企业管理外，还被广泛应用于个人成长、家庭关系、团队建设等诸多领域，发展出企业教练、个人教练、生活教练、团队教练等多种教练职业。

当今的教练领域发展飞快，教练已经逐渐从一种行业向一个专业转变。大量的相关书籍应运出版，有关教练的专业期刊相继出现。不少最新的研究成果已经被诸如美国心理学协会（American Psychological Association，简称APA）这样的国际心理科学、管理科学权威数据库收录。此外，国际上成立了许多有代表性的专业组织，为教练专业制定了道德规范和业务法规，设置了认证程序。1994年全球最大的专业教练组织——国际教练联合会（International Coach Federation，简称ICF）成立，开始提供专业教练资质认证，1997年国际教练协会（International Coaching Association，简称IAC）成立，并开发了更为简便的专业教练培养体制和辅助教练开展专业教练活动的体系，这两个机构的成立革命性地推进了教练专业化的发展。此后，国际上也成立了其他相关的组织，如欧洲教练协会、英国心理学会教练心理学特别小组、欧洲导师与教练委员会等，在全球培养了绝大多数的教练。英国的剑桥布鲁克斯大学也提供了"教练与导师实践"硕士学位。据ICF统计，截至2008年，全球范围内有近5万名专业教练，大部分分布在美国、加拿大和欧洲，近年来亚太地区的专业教练数量也逐步增多。

教练技术于20世纪90年代被引入中国，短短二十几年内企业教练在中国得到飞速发展，引起了国内企业界、培训界及媒体舆论界的广泛关注。2001年，中山大学管理学院首次将教练技术引进EMBA课程。中山大学、香港科技大学、清华大学、复旦大学都举办过相关培训和专题演讲，教练技术在中国得到广泛传播。2001年"21世纪企业教练发展论坛"在中国上海举行，这标志着企业教练在中国已得到了一定程度的重视和发展。

教练技术与神经语言程序学（NLP）

教练技术在不断发展和完善的过程中，大量吸纳了其他领域、学科的理论和技巧，如心理学、哲学、管理学、脑科学、组织行为学、系统理论等，使自身的理论体系和架构得以不断完善，逐渐发展成为一个高度综合的复杂性学科领域。在此当中，蓬勃发展的心理学流派，如人本主义心理学、积极心理学、催眠等，为教练们提供了多元化、实操性强的技术支持，这成为教练的根基。本书更关注的是，同样以高度综合为特点的应用心理学 NLP 对教练技术的影响。

关于 NLP

NLP，全称 Neuro-Linguistic Programming，即神经语言程序学。NLP 三个字母分别代表不同的含义。

N（Neuro）指的是神经系统。神经系统将负责思想的头脑与负责执行的身体联结起来，通过控制我们的感觉器官和功能系统去维持与世界的联系。

L（Linguistic）是指语法，即我们的头脑与身体之间的联系机制所用的语言模式和语法规则。它反映出我们的思维模式、信念和内心的种种状态。

P（Programming）是程序，即借此说明我们的信念、感觉和行为只不过是习惯性的模式。改变这种习惯性模式，便能使我们获得更满意的效果。

可见，NLP 是一门专门研究人的语言与神经关系方面的学问。

NLP 由美国加州大学的电脑科学专家理查德·班德勒（Richard Bandler）博士和语言学家约翰·葛瑞德（John Grinder）教授共同创立

于 20 世纪 70 年代。他们运用自己所学的专业知识，对沟通大师葛瑞利·贝特森（Gregory Bateson）、催眠治疗大师米尔顿·艾瑞克森（Milton EriCkson）、家庭治疗大师维吉尼亚·萨提亚（Virginia Satir），及完形疗法创始人弗里茨·珀尔斯（Fritz Perls）等四位当代著名的沟通及治疗大师的工作特点和规律进行了深入研究，发现这些卓越人士的工作之所以如此有成效，是因为他们的工作方式有着独特清晰的结构。通过研究他们以及更多成功人士身心活动的模式，NLP 的先驱者们提炼和总结出一套套便于他人学习和掌握的技巧和工具，帮助更多的人调整心态、改善沟通和人际关系，及明确目标。同时，NLP 也倡导人们总结和模仿自身成功的经验及规律，主动地选择这些给自己带来更正面积极影响的模式，从而使自己做得更好。可以说，NLP 是一套可增强我们的态度及技能并去实现我们潜能的有效工具。

关于 NLP，我想通过一个案例带给大家更多的认识：

张老师班上有一位学生平时数学成绩挺不错，而一到考试总是特别紧张，以致常常失手。老师和家长们都认为主要原因是学生没有认真复习，对考试掉以轻心。于是，张老师和家长轮番给学生做思想工作，并让其增加做题量。让人遗憾的是，学生的情况并没有获得改善，反而更厌恶学习。

第二个学期，我们课题组的宋老师接手了这个班。她告诉我，面对这位学生的情况她首先想到的问题是：究竟是什么引起了这位学生在考试当中的紧张感？在与学生的谈话中她了解到，这名学生以前曾在一次考试时，由于提前做完了，就一边玩弄着钢笔，一边等待考试结束。没想到钢笔的墨水一下子甩了出来，洒满了整张卷子。结果，他不仅受到监考老师的严肃批评，还被同学嘲笑了许久。此后，考试便与痛苦的情绪联结在一起，形成一种习惯性的模式，以致影响到他的每一次考试。

了解到这些后，宋老师找学生谈心就不再谈要认真对待考试之类的道理了，而是帮助学生去分析这种痛苦的背后有些什么正面的动机，会带来什么积极的价值，然后提供方法让学生学会利用这些正面积极的因素来转化自己的思维模式，从而提升自己在考试中的表现。实践证明，这个学生的数学成绩有了明显的提升。

从上面这个例子中我们可以看到，NLP关注人的主观体验从哪里来，研究我们在外界刺激下如何产生各种行为，如何创造出我们的情感状态，如何形成我们的价值观和信念，如何建立我们的内心世界并赋予其意义，主观体验如何周而复始地循环出现。NLP同时关注如何提升人脑的运作，使我们在工作和学习中取得更满意的效果。

NLP 与教练技术的结合

NLP是研究人的学问，教练技术是使人可以发掘自己和他人潜能的技巧。两者的结合，带给我们许多简单易懂、推动自己和他人的方法。

NLP和教练技术有着共同的出发点，它们相信人是可以洞察自己真正需求的，当我们拥有了正确的方法和合适的资源时，去实现愿望是有可能的。因此，结合了NLP的教练技术更注重、也更善于帮助人找到所需的资源，让我们在一条最有可能实现目标的路上向目标迈进。

回到教练的工作原理。教练的一项重要工作是要厘清被教练者的现状，包括他的外在行为和内在运作模式。如何才能洞察被教练者的现状？NLP提供了很多有效的工具来帮助教练提升觉察力。教练要如何协助被教练者确定目标？在实现目标的过程中，教练又如何帮助被教练者克服这样那样的困难以便将障碍转变成可以利用的资源？如何协助被教练者发掘自身的潜能？整个教练的过程主要就是通过对话来完成的，NLP就能提供各种灵活的语言模式，使教练的语言更具威力。

成为教练型班主任

何谓教练型班主任？

事实上，教练与班主任关注的都是人本身和人的发展，但他们都无法替代工作对象的发展，需通过一些技术与策略来推动工作对象的发展。如果将教练的理念和技术应用到班主任工作中，会有怎样的令人耳目一新的变化呢？设想一下：

上课铃响了，课室里同学们已经安静下来，老师开始讲课。两个学生匆忙地踏上楼梯，走过走廊，分别进入了A班和B班。

A班老师皱起双眉，严肃地说："你今天怎么又迟到了，为什么总是你？这样我们班的评比成绩还怎么上去？就因为你一个人不遵守纪律影响了全班！你心里过意得去吗？"

B班老师注视着这名学生，平和地说："我看到你脚步匆匆地进来，说明你已经知道自己没有准时，这让我感受到你的纪律意识，所以我相信只要你愿意，下次可以更准时！或者课后我们谈谈，有些什么好办法来让你更准时。"

如果你是学生，你会希望哪个老师做你的班主任呢？

从这个例子中，我们可以感受到，A班班主任更像裁判型班主任，而 B 班班主任则像教练型班主任。应用了教练技术的教练型班主任与那些惯用命令和控制为主要管理手段的裁判型班主任相比有很多的不一样，他们通常具备以下特点：

聚焦于想要达到的目标。当学生的行为出现偏差，围绕问题不断深究为什么会出现、怎样出现的、谁应该为问题负责任，是大部分班主任常有的做法。实际上，大费周折获得的这些信息正是班主任想要学生改变的部分。具有教练理念的班主任则会直接关注我们想要的部分，即"有些什么好办法让学生更准时"这类问题，并考虑如何根据当事人的实际将目标细分。

非评判性。换一个角度来看学生的问题行为，可以将其理解为在某个特定的情况下没有达到老师或学生自己预期效果的行为，并不能就此判断它错了。因为人、事、物都在不断变化之中，只要学生愿意，行为是可以转变的，目标是可以逐步达成的。懂得教练技术的班主任会更留意当下学生的表现。如学生迟到了，B 班老师没有简单地判断学生做错了，而是关注到学生还能"脚步匆匆"地赶回来这个行为，帮助他找出负面行为的正面价值并加以利用，让学生看到自己有改变的可能性。

鼓励性。不轻易下判断，用鼓励替代批评，是因为懂得教练理念和技术的班主任相信学生本身已经拥有向理想目标发展所需的各种资源。B 班老师面对学生的迟到，没有直接批评，而是提出"只要你愿意，下次可以更准时"，让学生体会到改变的主动权在自己手中。班主任积极正向的鼓励，能推动学生去思考更多解决问题的策略，让学生自主选择，自主成长。

如果教练理念和技术能促进班主任的工作，提升班主任的效率，减轻班主任的负担，那么，我很鼓励班主任们成为教练型的班主任。

所谓教练型班主任，是指善于运用教练的工作原理，技术性地推动工作对象（包括自己、学生和家长等）调整自身状态、调动自身潜力、

优化自我管理能力、获得自主成长的班主任。

　　教练型班主任的工作对象首先是自己。教师作为一种助人的职业，很多时候依靠个人的人格魅力、心智模式和精神境界来影响学生。因此，助人者需先自助。积极正面的班主任，才可培养出拥有阳光心态的学生。

　　教练技术从体育界被迁移到企业界，成为一种企业管理的方式，自然产生了许多值得借鉴的先进理念和技术。教育作为一个特殊的领域，在学习先进管理经验的同时还要考虑到企业中有利益至上、唯技术论的特点，在运用教练技术时要取其精华，去其糟粕。

教练型班主任的主要特征

　　教练型班主任与普通班主任一样，需要承担日常的学生思想道德教育、班级管理和学科教学工作。不同的是，教练型班主任有更鲜明的个性特征，具体表现为：一条原则、四项能力和两大追求（见图1-2）。

　　轻松有效
　　丰盛喜悦
　　目标导向　觉察力　亲和力　灵活性
　　三赢原则

图1-2 教练型班主任的主要特征

一条原则：“我好—你好—大家好”的三赢原则

班主任在开展工作时要考虑到自己、学生以及整个班级的需求和利益。这里实际上强调的是系统的整体平衡问题。所谓系统，是由一个以上的部分组合而成的整体，每个部分都对整体的存在产生意义。当某个部分发生变化，整体也会随之出现变化。三赢原则包括以下四个系统的整体平衡：

班主任自身的身心系统。一个人本身就是一个系统，身体与心理和谐健康，人就容易产生幸福感。现实中有很多班主任表示，自己白天应付繁重琐碎的工作，晚上还要批改作业、备课，感觉到身心疲惫。长时间的劳累，使老师们出现咽喉炎、颈椎病等身体问题，同时也出现了烦躁、易怒、紧张、多疑等情绪障碍，心理健康问题日益凸显。没有身心和谐的班主任，和谐的班级人际关系又从何谈起呢！因此，班主任要想自己的工作更轻松有效，必须先修炼自己的身心。

学生的身心系统。每个学生都是一个独特的个体、独立的系统，有自己的身心发展需求和节奏。这种发展能否获得足够的空间与自由，直接影响学生身心系统的平衡。例如，学生能否按自己的方式进行学习或解决问题？一个班级中有的学生学得快，有的学得慢，他们是否都能接受自己的现状，接受自己与他人的不一样？

师生共存的班级系统。班级中的每个个体都是平等的，有共同的信念和价值观，班级系统就能和谐运转。如果班主任只为追求“文明班”的美名，一味高压和控制学生的行为，师生关系必定变得对立，班级系统的运作效率将不可避免地被削弱，这样班主任个人的愿望也难以达成。

超越班级的更大系统。由班级组成的学校是一个更大的系统，学校与家庭又组成一个更复杂的育人系统……大系统中的任何一个部分的变化，随时都会影响当中的小系统的运转。例如，学校校长的育人理念、管理风格会直接影响班主任的班级管理，进而影响教师和学生个体的身心发展；某个学生家庭发生变故，会影响到学生的表现，进而影响班风学风的变化，甚至是学校校园文化的变化。

教练型班主任开展工作时就要充分考虑到各个系统的整体平衡。为了自己的利益强求学生，为了学生忽略自己的家庭、孩子，与其他班级、同事恶性竞争，忽略家长的需求等等都不符合三赢原则。这样的管理，即使短期内可以取得效果，也注定无法被长久使用。

四项能力：目标导向、觉察力、亲和力和灵活性

目标导向，是指班主任在处理问题的时候，能否将关注的焦点放在预想目标上的能力。有一句话叫：方向比努力更重要。明确了自己要什么，人就不会一味停留在不想要的痛苦状态中。因此，如果学生说，讨厌总是被同学取笑，教练型班主任会引导他："如果你不想再被同学取笑，那你想要什么？"这个问题能帮助学生暂时放下无法突破的障碍，看清自己想要的目标，然后思考如何做才能达成这个目标。在思考的过程中，焦点越集中于目标，动力就越大；焦点越集中于困难，阻力就越大。

觉察力，主要表现为班主任与人交往中表现出的感官敏锐性和精准判断力，包含对自己及他人行为表现的观察力、对自己及他人情绪情感的体验力，对自己及他人内在需求的感受力，以及对事情发展动向的预见力等，对后两个方面的觉察尤为重要。例如，当我们看到学生打架了，有觉察力的班主任既能看到自己内在的冰山，同时又能体验到学生内在的冰山，感受到学生那份深藏的、甚至连他自己也不自知的需求与渴望，还能预见可能发生的情况。敏锐的觉察力使班主任以小见大、以心见性、见微知著，及时地捕捉教育的元素和契机，变空洞的说教为有质感的共情和引导，及时地给予学生成长的力量。

亲和力，是一种建立亲近与和谐关系的能力。教练型班主任具有的亲和力，体现在与自己和与他人相处两个方面。对自己的亲和力，主要体现在我们是否有能力使自己的身心达到和谐一致的状态。例如，当我们觉得累了、生病了的时候，是否会停下手中的工作，先照顾好自己的身体？当我们感到愤怒、沮丧、悲伤的时候，是否会坦诚地与学生分享自己的感受？还是无视自己的身体，忽略自己的感受，在学生面前扮演一个"超人"？我相信，能亲近自己的内心，才能更好地感受和理解他人的内心。对他人的亲和力，常用于与学生、家长等人的沟通中——不带评判地接纳他人的内在状态，快速消除对方的防卫和抗拒，建立和谐关系，使沟通更顺畅、更有效。

灵活性，就是不呆板、不拘泥，具备随机应变的能力。正如孔子，面对子路和冉有两位弟子提出的同一个问题，他鼓励遇事退缩的冉有大胆去尝试，而告诫遇事轻率的子路要三思而后行。这是对不同对象的因材施教，对不同问题的灵活应对。对同一个人，在不同时期、不同场合也需灵活应对。此外，教练型班主任的灵活性还体现在敢于打破"不可能""没有办法"等固定信念的限制，关注在困难体验中学习到了什么，有什么可以转化为资源。

两大追求：内在丰盛喜悦，外在轻松有效

丰盛喜悦是一种内在的体验，是教练型班主任追求的一种理想的心理状态。事实上，关于人的心理的研究，以往多以关注各种心理问题的解决为主。2006 年开始，哈佛大学最受欢迎课程中排名第一的王牌课程《经济学导论》，被泰勒·本－沙哈尔（Tal Ben-shahar）博士开设的《积极心理学》课程所替代。后一门课程的大受欢迎，说明了人们对如何生活得更幸福有强烈的需求，这种需求同时也推动了学术界转变原有的研究方向，开始关注如何使人们拥有更积极更健康的心态。教练型班主任

追求的就是这样一种正向积极、富有创造性的理想状态。只有一名老师的内心是富足的、强大的，他才有力量去做丰富学生生命的事情，从而让学生体验到喜悦。张德芬在《遇见未知的自己》一书中写到，喜悦是人类所要追求的最终目的之一。喜悦不同于快乐，因为快乐是由外在事物引发的。如我穿了一件漂亮的衣服，受到大家的赞扬，感到很快乐，这种感受是短暂的、被动的。喜悦则不同，它是因为自己的行为产生的价值而体验到自己存在的意义，由此从内心深处油然而生的一种情绪。如近年来我做了不少教练型班主任理念和工作方式的研究和推动工作，有效提升了班主任们的工作效益，看到班主任们一个一个成长起来，我感到自己的工作非常有价值，我的人生充满意义！内心绽放出的喜悦之情是自主的、永恒的，不会因外在环境的改变而受影响或改变的。

让自己的教书育人工作变得更轻松有效，是教练型班主任的另一大追求。它的达成，更多的是伴随班主任内心的强大而来，需以内在的丰盛喜悦为前提。如果我们的内心是枯竭的、沉重的，何来轻松地教？如果我们对自己是怀疑的、顾虑的，何来有效地教？当班主任摒弃指挥、控制和命令等管理方式，进入教练状态，配合使用人本化、操作性强的教练理念和工具时，学生的发展就会变得更主动，育人的工作也就变得更轻松更有效。

教练型班主任的核心任务

班主任开展教练式管理的三大核心任务包括：创设愿景、厘清目标，迁善心态、改善关系，创造可能、提供选择。

创设愿景、厘清目标

这是教练型班主任首先要弄清楚的问题，是教练式管理的起点。这里包含两个层次：第一层是班主任要清楚自己要成为怎样的老师，学生要成长为怎样的人，班级要建设成怎样的团队，我要如何去达成。第二层是班主任要引导学生在自己创设的整体愿景下订立符合个人的目标，即清楚我要成为怎样的人，我要为团队作出怎样的贡献，我如何去达成，班主任既要能做出顶层设计，又要允许学生提出自己的想法，两个层次不能相互掩盖，也不能毫无关联。对每个人而言，只有目标是"我的目标"时，他才会珍惜和为之努力；只有当自己去作决定时，他才会全力以赴。

迁善心态、改善关系

《易经》中有这样一句："君子以见善则迁，有过则改。"就是"迁善"一词的来源。迁善首先是对班主任自己而言的。不同的心态引起不同的感觉，导致不同的行为。例如两个同学同在课堂上睡觉，对于心目中认定的"好"学生，老师会很心痛——一定是晚上复习得太晚了；对于心目中认定的"坏"学生，老师会很愤怒——一定是晚上玩游戏玩得太晚了，因此对待两位同学的态度和行为大相径庭。放下内心的评判，改用好奇的心态去看待学生，师生关系就会进一步改善。迁善还包括班主任要引导学生、家长等转变心态，从而更好地改善老师、学生和家长三者之间的关系。

创造可能、提供选择

很多班主任都有自己独特的惯用的经验，只要是有效的，都应该继续用下去。如果现有的办法使用效果不明显了，或根本没有效果了，我们应该怎么办？有些班主任会埋怨制度有问题、学生一届不如一届、家长不配合，为他的"没有办法"找到很多看似合理的理由。教练型班主任的与众不同之处就在于，他有各种工具帮助自己找到新的角度、发现新的可能性，从而拥有更多的选择。当学生遇到困难时，教练型班主任并不是去帮学生解决问题，而是帮学生看到可能性，提供更多的选择。

教练型班主任的理论基础

冰山理论

让我们先看看以下案例：

学生李浩因为与同学打架，被班主任刘老师叫到办公室。

班主任：怎么又是你？我跟你说过多少遍了？为什么你还是要和同学打架？你是个学生，整天打架，惹是生非，很威风吗？学习上怎么不见你花那么多心思？

学生：不关我的事，是他先打我的，你不说他！

班主任：你看你这是什么态度，你究竟还懂不懂得尊重老师啊？

学生：我只是讲事实而已。……

现实中很多班主任都有一份教育好学生的爱心和责任感，但面对学生时却常常感到无法沟通，感觉自己总是在低效地重复，甚至无效地工作——学生的不良行为表现就像一座坚硬的冰山，单凭班主任的一份爱心或责任感难以消融。地理常识告诉我们，飘浮在水面上的冰山其实只是整座冰山的一小部分；心理学知识让我们明白，学生外在行为的内里必定蕴藏着大量深层次的原因。

冰山理论广泛出现于心理学界、文学界、管理学界、医学界等领域。在心理学界，最著名的冰山理论就是精神分析学派创始人弗洛伊德提出的意识与潜意识理论。他认为一个人的人格就像海面上的冰山一样，露出来的仅仅是一部分，即有意识的层面；剩下的绝大部分是处于无意识的状态，而这绝大部分在某种程度上决定着人的发展和行为。维吉尼亚·萨提亚女士进一步发展了这一理论，将冰山比作人的内心，认为这个方法能够帮助我们很好地发现和理解人的内心世界（见图1-3）。NLP将它的应用领域从心理治疗和心理辅导迁移到更广泛的个人心灵成长和人力资源管理领域。

行为

应对方式

感受
（兴奋、愤怒、伤害、恐惧、悲伤）
感受的感受

观点

期待
（对自己的、对他人的、来自他人的）

渴望（人类共有的）
（被爱、被关注、被认同、归属感、有价值、安全感和独立）

自我：我是
（生命力、精神、灵性、核心、本质）

图 1-3 冰山理论

冰山理论认为：

人在受到外界刺激时会产生各种各样的行为，在同类情况下反复出现的行为就构成了他习惯性的应对方式，它们来源于一个人内心的一些情绪感受；

情绪是内心的感受经由身体表现出来的状态。它与我们大脑中储存的经验回忆有关，反映出的是我们真正的感觉，绝对诚实、可靠和正确；

情绪的出现来源于一个人内心所持有的一套信念系统。它由信念、价值观和规条组成，是一个人的人生观、意念行为的思想基础，是在其成长的过程中经由生活体验而产生的一种处事模式；

如同冰山与冰山的根部相互联结的部分，期待、渴望和自我认知是每个人生命中都需要的东西。它们使人与人相互联结成为一个系统，同时也成为了系统中的人获得改变的能量和动力源泉。

在上面的案例中，老师和学生内心的"冰山"是怎样的呢？我们可以通过一个表格（见表1-1）来分析：

表1-1　师生的内在冰山对比表

	老　师	学　生
行为及应对方式	批评、指责学生的行为和态度。	推卸责任，用指责的方式应对老师的批评。
感　受	对学生违纪及对自己的不敬感到愤怒；对自己的尊严受到打击而感到悲伤和恐惧。	对自己受到的指责感到委屈和愤怒；对老师的不理解不认同感到忧伤和恐惧。
观　点	学生应该遵守学校的规条；学生应该尊敬老师。	我是被迫还手的，并不是惹是生非；老师的处理不公平。
期　待	期待通过学生良好的行为表现体现出自己的价值。	期待老师了解自己的苦衷。
渴　望	渴望有价值、被尊重和被认可。	渴望被接纳和理解，渴望被爱。
自　我	略	略

当老师和学生的两座"冰山"同时呈现在我们面前时，我们不难发现，越往下探索，两座"冰山"越趋向于一致。无论是刘老师还是李浩，他们都期待自己成为有能力、有价值的人，渴望自己被认同、被爱，这是人类所共有的生命追求。越往上探索，两座"冰山"越趋向于不同。成长环境不同、家庭系统各异和角色身份差别形成了人不同的信念、价值观和规条，造成人们对同一件事完全不同的理解。观点的不同也就决定了情绪感受的不同，因此导致千差万别的行为方式。

成为教练型的班主任就要将冰山理论作为自己工作的基础和工具，

在与学生的互动中，更好地觉察自己、理解学生，调整自己的教学行为，提升自己的工作效益。

理解层次理论

有一个故事叫《三个砌墙工人》：

在一个建筑工地上，有位社会学专家对正在砌墙的三个工人进行了随机调查。

专家问第一个砌墙的工人："你在干什么？"

第一个砌墙工人没好气地说："没看见吗？我不是在砌墙吗？"

专家又问第二个砌墙的工人："你在干什么？"

第二个砌墙工人抬起头，笑了笑说："我在盖一幢漂亮的高楼。"

专家再问第三个砌墙的工人："你在干什么？"

第三个砌墙工人一边砌墙一边哼着歌曲，笑容灿烂，他开心地回答："我在建设一座美丽的城市。"

十年之后，社会学专家了解到：第一个砌墙工人仍然在建筑工地上砌墙；第二个砌墙工人坐在办公室里画图纸——他成了工程师；第三个砌墙的工人呢？已经成为了前两个工人的老板。

三个工人，因为看待问题的层次不同，人生的发展轨迹也不同了。

理解层次理论，是美国 NLP 大学创始人之一罗伯特·迪尔茨（Robert Dilts）根据人类学家格里高利·贝特森（Gregory Bateson）在《学习与沟通中的逻辑分类》一书中提出的逻辑层次模型整理并发展出来的，也称思维逻辑层次理论，是一套帮助我们理解大脑处理事情的逻辑层次的模型。该理论认为，我们的大脑在认知和思考任何事情的时候，都分为六个层次（见图 1-4）。

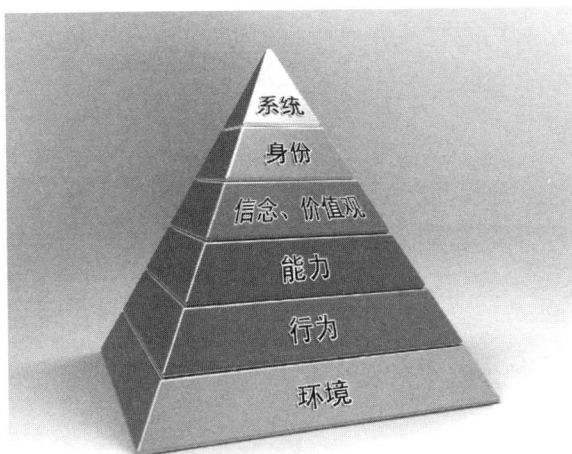

图 1-4　理解层次理论

环境：即什么时间，什么地点。代表世界上所有身外的人、事、物、时和地等等，属于行为和关系发生的外部条件。

行为：即做了些什么，或有没有做。也就是能力的具体挑选，以及在环境中我们的实际发挥。

能力：即能做什么，如何做。是组织或个人在相关环境中选择并用于指导行为的策略和技巧。这个层次涉及一个人在面对问题的时候，有没有多种可选择的方法。每一个选择都是一份能力，故选择越多，能力越大。

信念和价值观：即相信什么，坚持什么，对我来说什么才是重要的。可以说，处于系统中的每一个人都持有一套与他的身份相配的信念与价值观，它直接决定这个人做每一件事的态度。

身份：即我是谁，我的定位是什么。一个人怎样看自己，怎样描述自己的使命，这就涉及身份的层次了。

系统：即为了谁，为了什么。讲的是我与世界上其他人、事、物的关系。当一个人谈及他的人生意义及对社会的价值和贡献时，就涉及这一层次。

理解层次从环境到系统呈现出由低到高六个不同的层次，是一套非常有效的思维模式。当我们要分析一个问题时，从低到高逐层推进，能帮助我们从更系统、更全面的角度来看清问题，更快、更有效地找出解决的办法。

例如，学生 A 在中考数学模拟考试中没有取得理想成绩，学生自己、家长及老师都有可能给出多种分析。这么多的原因堆在一起，让人压力骤增。如果将这些归因放置于六个层次中，就能看出哪些解决比较容易，哪些解决比较困难，哪些可以先解决，哪些可以稍微放后放缓。这样我们不仅能对问题一目了然，还能比较快地找到相应的解决方法。就学生 A 数学成绩不理想这个问题，从低层次到高层次的归因和解决方法如下：

环境层次的归因：因为学校正在施工，噪声很大，这让 A 听课的时候很容易分神，也没掌握好复习要点。这个问题好解决，可以尽可能地变换环境，如加建隔音板、将课堂搬离工地，也可以调整施工时间、甚至短期停工，以创造安静的学习环境。

行为层次的归因：考前老师发下去的几张总复习卷子，A 都没有做完，对题型、题量把握不准，可以说是准备得不够充分。解决的方式可以是在接下来的阶段安排 A 突击性地大量做题，以熟悉题型、提高速度。

能力层次的归因：不只是这次考试了，一直以来 A 对数理逻辑的领悟力都不太强，学得比较吃力。解决的方式可以是安排老师给 A 系统地补补课，或让其到社会上的培训机构补习一下，帮助其理解掌握知识点，提升解题能力。

信念和价值观层次的归因：其实 A 一直都认为数学太难懂，而且学不学好对自己的将来也没什么影响，因此对数学不太感兴趣。这个层次的归因开始变得主观，要说服学生改变他的想法挺不容易，这不是在短期内可以解决的，甚至可称之为一项系统工程。

身份层次的归因： A 的父母一直都认为他生下来就是一个比较笨的孩子，认定他本来就不是学习的料。归因到这个层次，问题就直接指向了一个人的本质。这个不仅是 A 个人的问题，还牵涉他的父母、家庭，甚至是学校、家族、社会这些更大的系统里的人、事、物。在如此庞大复杂的系统面前，一名老师的能力就显得微不足道了。

系统层次的归因： A 的父母认为，他们靠出租土地给别人做仓库收入已经很丰厚，A 将来靠收租生活也不成问题，学习好不好根本不重要。如果学习这件事是否存在都无法影响 A 的人生价值，那么我们老师该从何入手去转变学生呢？

从上面的案例中不难发现，层次越低的问题，越容易找到解决的方法。当问题上升至信念或身份，乃至系统层次时，解决问题便会困难得多。一般来说，一个低层次的问题，在更高层次里容易找到解决的方法。如学校搞基建，学生不可能搬离学校躲避噪音，但学生可以通过自己的意志力集中精神听课，或者通过改变学习的方式方法来提升学习效率。反过来说，一个高层次的问题，用一种较低层次的解决方法，则难以产生效果。

理解层次作为一种思维工具，从高到低逐层推进，还能帮助我们更好地做规划、建架构、促行动。本书提出的教练型班主任，其理论构建就运用了理解层次的思维模式，从高到低分别是：

系统： 作为一个鲜活的生命，为了获得更多的幸福感，彰显出自我的生命力，我们追求自己与内在和外在各个系统的和谐关系，由此提出了教练型班主任工作的一条原则和两大追求。

身份： 在专业成长上，我们赋予了自己一个新的身份——教练型班主任，以此给我们的工作带来新的意义和使命。

信念和价值观： 我们提出了与自己新的身份相匹配的九条信念和价值观，并坚信不疑地践行着。

能力：通过学习与实践，我们总结出了教练型班主任应具有的四项重要能力及 32 种方法和策略，在与他人互动的过程中有更灵活的选择。

行为：教练型班主任有明确的三大任务，当我们越清楚自己要什么，且越有能力去做时，我们的育人行为也越表现得与以往大不相同。

环境：教练型班主任不管遇到怎样的外在环境，都能从中找到有价值的资源，并懂得如何去利用这些资源来达成我们的目标。

班主任掌握了理解层次这一工具，可以应用它指导学生认识新的环境，教练他们改善特定的行为，教授他们新的认知能力，引导他们的信念和价值观，支持他们在身份层次上的成长，唤醒他们在更大系统中的觉察。

教练型班主任的基本信念

教练型班主任在开展教练式管理时，有九条基本信念作为其精神上的支持。它们是教练型班主任思维模式的过滤器，来自自己的、学生的各种问题、困扰，用这九条基本信念过滤一下，就会有不一样的发现。它们是：

每个学生都是独一无二的。

每个行为背后都有我们能接受的正面动机。

情绪本身不是问题，只是一个信号。

无所谓失败，所有发生的事情都是促进成长的学习过程。

师生沟通，有效果比有道理更重要。

重复旧的做法，只会得到旧的结果。

每个问题至少有三种解决方法。

每个学生都已具备足够的成长资源。

在班级系统里，最灵活的人最能决定大局。

每个学生都是独一无二的

记得有这样一个故事：

一个美国人和一个印第安人相遇了，他们相互打量，都对对方的装束感到惊奇。美国人觉得很不可思议："哈哈，真是太滑稽了，这个人竟然不懂得穿鞋！"印第安人感到很惊奇："哈哈，这个人怎么那么奇怪，脚上竟有个怪东西！"

是的，世界上没有两个人的人生经验会完全一样，所以没有两个人的信念和价值观会一样，也就没有两个人会对同一件事物的看法完全相同。即使是同一个人，他的信念和价值观也在不断演变之中，所以其行为也会不断变化。班级中每个学生各不相同，构成了一个多姿多彩的人文世界。

因为不同，每个人的信念和价值观只对本人有效，不能也无法强迫别人接受。即使是两个月大的婴儿，在吃饱了的状态下，如果妈妈还把奶头强行放到他的嘴里，他也会用哭来反抗。班主任要放下控制学生的欲望，尊重学生的内心世界，接受人与人之间的差异，如此才会真正获得学生的尊重，才能有良好的沟通和关系。这是班主任获得自我成长，与学生和谐相处的第一步。

我们的信念、价值观的形成有主观性，对从客观世界中获取的信息进行过滤的过程，自然也是有主观性的。这就导致一个结果——对于一个特定的人而言，没有绝对的真实，只有主观的真实，或者说相对的真实。也就是说，我们看到的那个学生，实际上是经过了我们的主观世界过滤的，并不等同于那个学生的本质或所有。因此，不要轻易地评判一个学生，或给他贴一个标签，只需对他的一切抱有好奇心，用开放的态度接纳他的一切即可。

也许你会很困惑，不能评判学生、不能控制学生，那我们还能做些什么？我们如何对学生实施教育？或许，我们可以通过转变固有的限制我们成长的观念，来改变我们对外界事物的感受和体验。当我们主动做一些内部调整之后，相信我们对学生就会有新的发现。

每个行为背后都有我们能接受的正面动机

小华今天又没有完成作业。

老师很生气，质问道："为什么你又不完成作业？"

小华低头不语，心想：我本来就不懂，如果交上来得个不及格，不仅会被你批评，还会被同学们笑话。干脆不做算了，至少同学不会取笑我不及格。

动机是促使人产生某种行为的念头或愿望。冰山理论已经告诉我们，人的各种念头的产生归根到底都是为了满足自己内心深层次的一些需要和渴望。著名心理学家弗洛伊德说过，一个人做一件事，不是为了得到一些乐趣，便是为了避开一些痛苦。无论是追求快乐还是逃避痛苦，最深层的需要和渴望都是积极正面的。正如小华的行为只是想远离做作业给自己带来的痛苦感觉，追求被接纳、被认同的内在价值。可见每个行为的背后，都必定有我们可以接受的正面动机。

有正面的动机，不一定就能引发正面、有效的行为。所有的行为，不管是你思考后作出的决定，还是自发的反应，都是在当时的情况下你的内在能够作出的最好反应。成老师曾向我讲述过她的一次经历：

一天下课后，她回到办公室坐下来休息了一下，准备批改学生的作业。当她拉开抽屉的时候，看到的一幕让她尖叫着跳了起来：两条白白胖胖、软乎乎的小虫正在她的抽屉里蠕动着。成老师着实吓了一跳，心想：是谁在恶作剧，将我最怕的东西放在我的抽屉里？经过了解，原来是班上的一位女生雯雯。成老师很不解，这个平时规规矩矩的学生，怎么会做出这样的恶作剧呢？经过交谈以后，终于真相大白。雯雯因为很喜欢成老师，于是将她最喜欢的蚕宝宝悄悄地送给老师。

我们可以不接受小华和雯雯的行为，但是可以接纳他们行为背后的正面动机。因为动机没有错，只是行为没有效果而已。当我们接纳了学生的动机，就是接受了学生这个人，学生也会因为感受到了我们的接纳，而更愿意让我们去引导他作出改变。

情绪本身不是问题，只是一个信号

有一位母亲正带她三岁的女儿参观一所幼儿园。她希望女儿能喜欢这所幼儿园，因为很快孩子就要到这里生活了。幼儿园的老师热情地接待了她们，并带领她们参观了幼儿园。在经过画廊的时候，女孩停下来观看了很久，皱着眉头说："他们画得一点也不漂亮。"母亲马上制止："不能这么没礼貌！"这时，老师温柔地说："是的，孩子，在这里画画是可以画得不漂亮的。"

人的情绪，忠实于人对事物的观点和看法，然后通过行为外化出来。面对即将要生活的陌生环境，女孩内心有一份紧张、焦虑和恐惧的情绪，担心自己做得不够好，于是借评价一幅画表达出来。可见，情绪只是一个信号，是帮助我们更好地了解学生内心活动的一个重要的途径。

情绪也没有对错之分。很多老师只允许学生有正面的情绪，如果学生出现负面情绪，老师就觉得这是不好的，不能够接受，甚至不允许它发生。也有一些老师会压抑自己真实的情绪感受，一味在学生面前说好话、套话，这些都说明老师没有将自己和学生看作真实的人。人就是会有各种情绪，重点是我们如何去对待。不接纳负面情绪，不如师生开展有效的沟通和心灵的交流。事实上，情绪无论是正面的还是负面的，都只是在给我们一个提醒，让我们有机会看到它背后隐藏的问题。如果我们觉察到了情绪背后的问题，就有可能作出改变；如果没有觉察到，同样的事情就还会再次发生。

无所谓失败，所有发生的事情都是促进成长的学习过程

著名华人导演李安，获奖无数、享誉世界。谁会想到，在他职业生涯的早期，他的电影事业却经历了漫长的一无进展的困境。在长达六年的时间里，李安赋闲在家，除了读书、写剧本外，承担了所有的家务活，买菜做饭带孩子，将家里收拾得干干净净。周围人的白眼和生活的压力让他一度想放弃电影梦想，改行做其他工作，是他妻子的鼓励，使他坚持了下来，从而获得了今天的成就。李安也坦言，那段难忘的生活经历，给了他很多的创作灵感和素材，促进了他的电影事业的发展。

长达六年赋闲在家，如果在那时李安认定自己已经失败，放弃了追逐梦想，就不会有今天的成就。对学生而言，一次考试没考好，并不代表失败了，只要我们还在继续学习，那么目前所经历的考试就只是整个学习过程中的一个阶段而已。只要不放弃，就无所谓失败，让我们不满意的只是过去的经验。经验是让我们继续提升的垫脚石，因为经验是能力的基础，而能力是自信的基础。如果把每次的"失败"带来的教训参透了，也就可以将其转化成学习的过程，使我们不断地修正而臻于完善。

培养学生是个复杂而漫长的过程，当中可能出现反复，可能停滞不前，但这不代表我们的教育工作失败了。这只是一个反馈信息，让我们可以重新审视自己的教育方式和方法，并及时进行调整和改变。

师生沟通，有效果比有道理更重要

一个男孩在期中考试中，语文只得了 59 分。他怕回家屁股又要受

罪，就找到语文老师，请求给他多加 1 分。老师同意了他的要求，也提出了条件："加的 1 分是老师借给你的，这次借一，下次还十。"男孩鼓足勇气答应下来。期末考试，男孩语文实际分数 81 分，老师的评分是 71+10 分，在 10 分的后面有一个括弧，里面写着：精神嘉奖分。男孩得了全班独一无二的精神嘉奖分，还受到老师的特别表扬，于是更拼命地学习。第二年期中考试，男孩语文实际分数 98 分，老师的评分是 98+100 分，这次他得了全班最高的精神嘉奖分。

试想一下，如果老师当时拒绝了男孩的请求，给他讲道理或是批评他，男孩的成绩会因此而提高吗？我们当然不是鼓励学生做假，老师的做法是在三赢原则的基础上追求理想的效果，事实上这比坚持什么是对的更有意义。讲道理往往是把焦点放在过去已经发生的事上，注重效果则容易把注意力放在未来。追求预期效果是制订计划的基础，也是所有行动的指针。只追求有道理但无效果的人生，学生就难以有成功快乐的体验。

关于沟通的效果，值得注意的是，无论我们说什么、怎么说、是否有效，关键在于对方的回应。如果我们的关心被学生错误地理解为指责，那么沟通就变得毫无效果。可见，老师说什么并不重要，学生接收到什么才是最重要的。如何才能让学生真正接收到自己想要传递的信息？这是需要班主任用心思考的问题，要相信世上没有无法沟通的学生，只有不善变通的老师。

重复旧的做法，只会得到旧的结果

很久以前，猴子看到人类主宰着世界很是羡慕，觉得自己也有机会变成人，于是满怀信心准备变成人。猴子听说要想变成人，先要砍掉尾巴，于是它决定把尾巴砍掉。但是，动手之前猴子开始有些担心了，心里不断嘀咕：砍尾巴的时候会不会很疼啊？要是真的没有了尾巴，以后还能不能像现在这样灵活自如地在树林里穿梭呢？尾巴生下来就和我在一起了，跟了我很多年了，我怎么忍心抛弃它呢？猴子一直犹豫不决，不敢作出改变，所以直到今天它们也还是原来的样子。

在当今世界，唯一不变的真理就是"变"，不肯改变的就会感到压力越来越大，最终面临淘汰或失败的威胁。有些班主任会抱怨，对于学生的问题，已经不断地找他谈心，不断地提出要求，但是学生通常只会好转几天，之后又会反复地犯错。这样不仅耗费班主任大量的精力，还让他们很有挫败感。如果目前的方法行不通，我们就要考虑改用其他方法。张老师曾跟我分享过她的做法：

班上的小峰进入新学期以来常常完不成作业，即使完成了质量也不高。张老师找他谈心后，小峰会有几天的好转，可很快又回复到原来的样子。就这样，谈心、好转、回复原样，情况不断重复。张老师决定要转换教育的方式，她找到小峰上个学期的作业本，与小峰一起分析：上个学期作业完成得这么好，是怎样做到的？有哪些细节是这个学期忽略了的？现在可以具体做些什么，使作业做得像上个学期的一样好？小峰在张老师的引导下，找到了几条具体的做法，因为是自己曾经做到过的有效方法，他表示愿意继续这样做。后来，张老师告诉我，小峰整个学期都按时、高质量地完成作业。

我很欣赏张老师在处理小峰问题上体现出的觉察力和灵活性，她用行动告诉老师们：自己改变了，学生才有可能改变。我相信任何具有创新思维的做法，都会比旧有的做法多一分成功的机会。希望明天比昨天更好，我们就必须敢于用与昨天不同的做法。

每个问题至少有三种解决方法

很多老师都会有这样的经历：当我们走进一个班级，准备上课的时候，发现同学们正在兴致勃勃地讨论一件事情，全然没有理会你的到来。面对着这样一个热闹混乱的场面，你有什么方法能让同学们快速地静下来，进入你的课程中呢？在我的培训课程中，老师们给出各种答案：

A 老师：（高声大叫）别吵了，安静！安静！

B 老师：什么也没说，停顿了一段时间。

C 老师：突然将书本放在了头顶，小心翼翼地在原地转了一圈。

......

这里不是要探讨哪种方式更好，而是想了解一个人在遇到问题时可以想出几种解决方法。班主任遇到棘手的问题，如果认为"没有办法"，只会使事情画上句号，如果认为"总有办法"，则会使事情有突破的可能。

记得我儿子刚读一年级的时候，有一次做作业遇到一个字不会写，向我求救。于是有了下面一段对话：

母：是的，问妈妈是个有效的方法。假设妈妈不在，你能想到别的解决方法吗？

子：打电话问同学。

母：也是好办法，假设同学也不会，还有其他方法吗？

子：在你的手机里输入拼音，查查看。

母：不错，还有吗？

子：自己查字典。

母：你真厉害，一下子想到了四种解决问题的方法。

我相信，如果一个人处理事情只有一种方法，那么万一不奏效，他就很容易陷入别无他法的困境中。认为事情有两种方法的人也会陷入困境，因为他给自己制造了左右两难、进退维谷的局面。有三种方法的人，则很快便能找到第四种、第五种，甚至更多的方法。当一个人有了更多的方法，就会有更多的选择，有选择就是有能力。

每个学生都已具备足够的成长资源

李老师班里的国真同学是名运动健将。校运动会上，他参加了400米的跑步比赛。开跑后国真一直跑在第二位，他尝试了几次，就是超不过第一位的运动员，他的脸上露出焦急的表情。李老师马上和几名啦啦队员一起，大声地呼喊国真的名字，为他加油。国真的状态马上获得了调整，只见他迈开大步、甩开双臂，脸上充满了坚定的神情，两眼闪烁着光芒，三两步就超越了前面的运动员，最终获得了冠军。

李老师知道，以国真的实力，一定可以夺冠，只是在无法超越前面的运动员的时候，状态有些低迷，对自己产生了怀疑。事实上，每一个人都可以通过改变思想去改变自己的情绪和行为，因为在所有事情或经验里面，正面和负面的意义同时存在。一种状态究竟是我们的绊脚石还是垫脚石，不是由外界事物决定的，而是由我们自己内在持有的信念和价值观决定的。这些东西全是内在的，因此没有无资源的人，只是缺乏有资源的状态。正如国真，有的时候，我们感觉自己有困扰，其实只是我们暂时还没有认识到自己的潜力而已。相信自己有解决困难和消除障碍的能力，积极面对，就可以把握自己的命运。

在班级系统里，最灵活的人最能决定大局

周老师是学校的教学骨干，他告诉我，每次学校安排他外出学习，

他最担心的就是班里的纪律。事实上，每次他学习回来，都会发现有不少学生违反纪律，如迟到、自习课打闹等等。于是每次他都会召开班会对这些学生进行批评。这样造成的结果就是，他出去学习的时间越多，回来后班级的氛围就越紧张。我建议他作出一些改变。后来他告诉我，现在他学习回来会问学生：这两天你最欣赏自己的地方有哪些？结果同学们滔滔不绝、兴高采烈地说了很多，不仅周老师感觉轻松很多，整个班级的气氛也变得温暖、融洽。

班主任是班级系统中的一个部分，更可以成为当中最灵活的部分。灵活便是让自己有一个以上的选择，最灵活的人便是最有能力的人。灵活不代表老师要放弃自己的立场，而是允许自己找出符合三赢原则的方法。灵活是老师在明确整体目标的前提下，灵活地调整自己、灵活地适应学生，让自己的步伐作出改变，从而带动系统内的其他部分改变，推动整个系统朝着预定的目标发展。

结　语

国王的金床就像一面镜子，让我们有所觉察，为班主任赋予教练的身份，为纠结在于前状况又憧憬于理想状态的班主任们，创设了一个更宽阔的平台来看待自己的工作。为班主任从一名"警察""裁判"，成长为学生的人生导师，提供了一条更便捷的路径。

本章所勾画出的教练型班主任，与惯用命令和控制为主要管理手段的裁判型班主任相比，有完全不同的鲜明的个性特征：

借鉴不同领域的理论与技术，以"我好—你好—大家好"的三赢状态为原则，有明确的信念和价值观作支撑，突出目标导向、觉察力、亲和力和灵活性四项能力，追求内在的丰盛喜悦和外在的轻松有效，提出具体可行的核心任务。

"道""术"兼修，内外共赢，班主任心灵的力量得到不断增强，随之引发学生的态度朝更正向、积极的方向转变。有了明确的路径和有效的方法，班主任才有可能逐步成长为学生的人生导师，改变自己乃至学生的人生脚本。

踏上专业成长的道路，

成为教练型班主任，

不是你又是谁？

不是现在又待何时？

教练型班主任每周分享摘录

● 老师改变自己，学生才有可能改变！（景泰小学庄巧红老师）

● 处理突发事件时老师要思考：学生行为背后的期待和渴望是什么？我要带他们去到哪里？知己知彼，你的觉察力会更敏锐，处理问题的方法会更加灵活，你就更能掌控大局。（颜乐天纪念中学聂林凤老师）

● 面对家长无理的攻击和指责，班主任要有清晰的认知：1. 对方攻击的是我的角色，不是我这个人；2. 情绪是属于对方的，不是我的；3. 对方指责的背后藏有一种怎样的期待？心平气和又带有好奇心，才有可能做出三赢的解决方案。（梁慧勤）

附　录

案例1：

七年级（4）班的学生小明，父母离异，开始时他跟随父亲生活，但父亲脾气暴躁、酗酒。后来，他因忍受不了父亲便找到母亲，和母亲一起生活，经济来源仅靠母亲做小买卖。因为缺少家庭管教，小学时经常打架、抽烟、逃学，升入初中后，小明又经常上网。针对小明的这种情况，我们该怎么处理呢？他的教师能因此而指责他吗？

每一个学生都是不同的，小明肯定有他的不同之处。我决定去了解他的不同之处。每个行为的背后，都必定有正面的动机。因此，我没有急于批评小明的错误行为，而是从小明的行为动机和潜意识来分析。小明是单亲家庭，缺少家庭的温暖和家人的管教，他的行为表现为打架、酗酒、逃学和上网，他不知道自己要做什么，不知道自己能做什么，小明内心的信念和价值观可能是"反正家庭条件不好，父母也无力管教我，老师和同学也不喜欢我，干脆想做什么就做什么，做个自由人"。他在内心中认为自己的身份就是一个不受任何人欢迎的人，唯有在虚拟的网络世界里面才能找到虚拟的自尊和自信。小明所有的行为都是为了获得安全感，以及被尊重和被关爱的感觉。经过以上分析，在沟通交流时，我内心已经理解了小明行为背后的信念和价值观，并接受了小明行为中的正面动机。所以，转化工作也变得更容易。

当小明又一次出入网吧时，我并不是简单地批评他，而是和他谈起了小学、家庭。当问起他的家庭时，小明讲述了他的家庭现状，并说出自己逃学的原因——"在家里得不到温暖，在学校老师和同学又都不喜欢我。"之后他哭了。这时候，我更加体会到小明内心的渴望和需要，所以安慰了他，并对他进行引导，给他讲如何做人和如何处理与家人的关系，告诉他以后有什么事情都可以找老师帮忙。之后，小明开始逐渐敞开心扉，愿意跟我和同学交往，成绩也有明显的进步。

小明之所以会变成"学困生"，实质上是因为他内心的基本需要得不到满足。当教师从内心深处关心理解学生的时候，学生会更加容易接受老师的引导，并会作出积极的改变。不过，教师还需要继续关注学生的改变，及时对学生的改变给予肯定和鼓励，对他们继续出现的一些问题要有宽容和耐心，帮助其不断改正。

案例2：

当学生不交作业时，原先我会这样说："你怎么又没交作业，你真是又懒又笨。你说说，你到底为什么不交作业，是不是不想学了？不想学，就早点回家去。"这时，被训的学生往往都不正眼看我，不管我说什么都不会给予理会。于是，我就会认为这学生"不听话"，甚至还会惩罚学生。学生虽然被惩罚了，但是却并没有得到有效的转化，这显然是一次失败的沟通。但我现在的做法会有所不同，最大的不同就是不会轻易地下结论，不会对学生的人品作出评价，而是注重营造和谐的气氛，就事论事，帮助学生解决当前的问题。

八年级（4）班有位男生叫小培，他连续三次没有准时交作业，都是在课代表催促下才慢腾腾地去补做作业。有时候交上来的作业也是非常的马虎。我对小培的印象一直不错，只是觉得他有点散漫和内向。我决定私底下找他聊聊天。小培来到办公室之后，我从办公椅上站起来，现在的我已经习惯站着和学生谈话，这可以拉近与学生的距离。我很平静地将作业登记本给他看，让他知道他交作业的状况，他看了看，承认自己确实没有交作业。我就问，你能告诉我不交作业的理由吗？他没有直接回答我，看来他是不会轻易说出来的。于是我给了几个选项，他都否认了。我干脆直接将笔和纸给他，我说："既然你不想说话，那就写下来吧，如果你不写出原因的话，老师没有办法帮你解决这个问题。"

过了十分钟左右，他终于把原因写出来了："我不能准时完成作业，主要是因为回到家我会忍不住想看电视和玩游戏。"看到这句话，我并没有惊讶，也没有大声斥责他，更没有跟他讲要珍惜时间等等的大道理。

我笑了笑说道："原来你喜欢看电视和玩游戏啊！是不是很喜欢？玩游戏玩得高不高级？"听我这样一说，小培那紧绷的脸马上放松了下来，似乎有点笑意。我接着说："男孩子玩游戏是件好事，如果男孩子不玩游戏，反而不正常，玩游戏玩得好的人，智力都是不错的。老师不反对你玩游戏，也不能控制你玩游戏，不过我想问问，玩游戏是你必须做的重要的事情，还是可做可不做的事情？"他愣了一下，很明显，这个问题引起了他的思考。我给了他思考的时间，他沉默不语。我接着说："如果不是，那做作业是你必须做的事情，还是可做可不做的事情呢？"他说：

"是必须做的""既然做作业是必须做的重要的事情，玩游戏不是必须做的且不重要的事情，那你应该知道先做什么后做什么了……"最终，我和小培达成了一致，他保证以后准时完成作业。

实践证明，这一次的师生沟通是有效的，在这次谈话之后，小培每次都准时交作业，而且作业的质量还有保证，平时上课也认真了很多。我目前也一直关注着他的情况，并让他知道，我是关注他的，我是看得到他的进步的。到现在为止，他的情况都比较稳定。

看着小培的变化，我更加坚定地相信要和学生进行有效的沟通，就需要学会营造和谐融洽的气氛，关注学生的反应，随着学生的变化，改变沟通的方式。还需要就事论事，不要随意给学生贴标签，如将"笨""懒""坏"等贬义的词汇贴在学生身上。教师最重要的是帮助学生解决现在的问题，给学生切实有用的帮助，切忌空谈大道理。

案例 3：

晓亮是八年级（4）班的一名学生，他经常在我的教育博客里出现，关于他的教育叙事已经有多篇了。他曾经让我很头痛，原本以为我已经对他"有办法"了，殊不知我却是痴心妄想，屡遭失败。不过，和晓亮的"较量"中，我改变了自己的心态，也获得了教育的智慧。我要感谢晓亮这个典型的学生。他让我生气，也让我高兴，有时我觉得自己好像找到了答案，但过不久我又陷入了迷惑中，他的行为和性格让我琢磨不透，也让我充满希望的心变得那么失落。在和晓亮接触的这一年多的时间里，我在教育博客中对他进行了记录，现在简单地摘录一些：

教育叙事（1）不容忽视的委屈（2009-10-14）

晓亮迟交作业，但被我误认为是没有交作业，而要惩罚他。于是他在课堂上与我对抗，连政治课本都没有拿出来，竟然在做数学作业。课后我的处理是：理解接纳他的感受，并且告诉他有委屈可以告诉老师，学生是可以和老师讲道理的。之后晓亮没有与我对抗，课堂上非常的积极，我非常开心，并且告诉自己绝不能忽视"小事"，处理不好，小事也会变成大事。

教育叙事（2）莫名其妙（2009-11-05）

晓亮在这几次课上的行动让我觉得莫名其妙，比如上课时批评了他的好朋友，他会马上和我翻脸，不配合我的教学；在课堂上睡觉，吃东西；甚至将月考试卷扔进垃圾桶。看到这种情况，我阻止过他，批评过他，但是他根本就不理我，照样我行我素。那几天上完课我就生一肚子闷气。真拿这个晓亮没办法。

教育叙事（3）晓亮又正常了（2009-11-11）

晓亮上次扔掉自己的试卷后，我帮他捡回来了，他没有再扔，在下一堂课他竟然把它拿出来，并且认认真真地在修改，在课后他还不好意思地过来跟我说："我才考了61分，退步了20分啊。"看着他腼腆的笑，我也笑了。

教育叙事（4）倔脾气又来了（2009-11-20）

晓亮作业没有做好，我叫他重做，他很乖地去重做了，不过是拿别人的抄，而且抄的是错的。我告诉他还不过关，他竟然一气之下，把练习册扔在一边不再理我。后来班主任告诉我，你明知道他的倔脾气，下次就要找准对策。我又恍然大悟。

教育叙事（5）就他麻烦（2009-12-17）

晓亮和班上一群学生迟到了，我决定对这些迟到者惩罚一下，每人打一下手掌。其他几个都乖乖地接受了惩罚，唯独晓亮不给"面子"，退到一边，而且不肯进教室，中途叫他进来上课他也不理，继续在门口站着。我心中窝着一团火。我把他们交给班主任处理，他后来认错了，可是我看得出他并不是很真诚地道歉。我委屈极了，也很无奈。

教育叙事（6）表扬信让晓亮变乖了（2009-12-29）

晓亮不交作业，我对他的倔脾气有点清楚了，我没有批评他了，反而说："你做不做作业，随你自己吧，没有人可以强迫你。"结果晓亮却说："如果我做的话，有没有表扬信啊？"我笑笑说："可以啊！"后来他得到了表扬信，也在课堂恢复了以往的活跃。一封表扬信的力量竟然这么大。

……

教育叙事（10）我可以"驾驭"你了（2010-11-14）

晓亮现在上我的课虽然偶尔会做其他科的作业，或者偶尔睡觉，但我都不会与他产生正面的冲突。他睡觉时我会轻轻拍醒他，告诉他笔记没有记好；他做其他科作业时，我会告诉他现在需要记笔记了。他没有反抗，而是很自觉地把笔记记好，而且还很积极地回答问题。我开心极了，不过有些担心，不知道他的倔脾气什么时候又会来，不过没关系，我已经有了足够好的心态和足够灵活的方法了。

我曾经觉得晓亮真的好烦，也觉得自己无能为力，但我一直告诉自己，不断调整心态，从挫折中学会成长；其实没有挫败，只有反馈信息。把他当作教育研究对象，通过写教学日志进行反思，并不断从各个渠道获得更多更好的方法去解决棘手的问题。当改变不了学生的时候，改变自己。

——广州市白云区颜乐天纪念中学　聂林凤

每个师源性后进生都有过成功快乐的经验，也就是说已拥有使自己成功快乐的能力。每个师源性后进生都可以凭改变思想去改变自己的情绪和行为，因而改变自己的人生。但成功快乐的人所拥有的思想与行为能力，都需要一个培养的过程。老师要相信并告诉每一位学生，他们有能力做好每一件事。

案例1:

　　班上有一名非常特殊的学生,有暴力倾向,动不动就想拿凳子砸人,多名同学、任教老师受过其攻击;孩子的父亲是一名军人,可对待孩子的方式却非常简单粗暴,母亲的教育没有效果。更让人吃惊的是,家长告诉老师"我的孩子总有一天会杀了我们"。接班时,老师、同学害怕他,疏离他,甚至放弃他。

　　通过与他的交谈和不断关注他的行为,我注意到他很喜欢表现自己。虽然不是体育委员,但每次大课间都争着带队,总是站在队伍的最前面,老师让他站在队伍中间他是坚决不肯的。可是,由于自控能力较弱,他老是影响班上的得分,之前的老师和同学对他有很大的意见,但又无可奈何。针对这一现象,我并没有制止他,而是告诉他:站在第一位可是排头兵,很厉害的,是同学们的榜样。老师知道你是军人的孩子,一定是做得很好的。老师想提醒一下,如果你的动作再规范一些,跟上音乐的节奏就更好了。孩子回答我:我回家再练一练吧!一段时间后,他已经是一名很好的领操员了。在与家长沟通中得知,孩子每天回家都认真地练习课间操。我又及时在班上对他进行表扬,树立他在班上的威信,取得其他同学对他的认可。

　　由于家长也能配合老师的教育,在家里及时表扬鼓励孩子,一两个月后,科任老师反映孩子进步了,家长反馈孩子在家里的表现好了,我也发现班上的孩子已经和他玩到了一起。

案例2:

　　人与人之间是有差别的,与不同的学生相处要采取不同的方式,说话的方式和行动的方式要灵活,不能指望用同一种方式教育所有的学生。人与人之间是有差别的。从教育心理学角度看,学生的身心发展受先天禀赋以及后天诸多因素的影响，存在着差异。要想让不同层次的学生都能获得成功的体验，并能够自主学习。教师就要采用不同的教育方法，让不同的学生看到成功的希望，品尝属于他们自己的"果子"。教师在教育工作上应尊重学生的个性，既要关注思想行为后进生，又要关注学习的后进生。

有一个孩子注意力严重不集中，无法完整听完一节课，上课时总是走来走去，随意进出课室。可他特别喜欢看书，上课时会捧一本，沉浸在自己的世界里，有时上着课都能听到他看到精彩处发出的哈哈大笑声，可他的成绩却在及格的边缘徘徊。我及时肯定了他爱看书的行为：爱看课外书的孩子，知识面广，成绩会越来出色。叶圣陶先生告诉我们，"得法于课内，得益于课外"。如果你在课堂上认真听讲，积极回答问题，课后多看课外书，你的进步会更明显，试一试好吗？由于我一直站在孩子的角度为孩子考虑，孩子欣然地接受了我的建议。可罗马不是一天建成的，坏习惯也不是一天养成，孩子的问题有不断反复的过程。课堂上，我总在孩子走神的时候，走过去轻轻地提醒。孩子只要举手，就一定让他站起来回答。一段时间后，他注意力越来越集中，随意进出课室的次数减少了，专心听课的时间增多了。有一次与他家长通电话，家长告诉我：孩子说学习语文原来这么简单有意思。以前让他认真读书考一所好一些的学校，他觉得不可能，现在主动要求找一个老师辅导他。一年后，参加名校考试，他被黄冈中学录取了。

是啊！一个孩子一个样，一把钥匙一把锁。如果我们能够找到开孩子这把"锁"的"钥匙"，每个孩子都能获得属于自己的成功。

案例3：

每个学生做任何事情都是为了满足自己内心的一些需求。每个学生的行为，从他的潜意识来说，都是当时环境里最符合自己利益的做法。因此，学生行为的背后，必定有正面的动机，接受了学生的动机，学生就会觉得你接受了他。

在学校开设的个性化课程中，有一个非常令老师"头痛"的学生，没有告诉老师，他就自己由"乐在棋中"班转到"今天我做'煮'"班。可烹饪班的老师害怕他捣乱，不同意他转班，他闹着不肯回去。后来，我只好让他在办公室先冷静下来。可是一跟他交流，他的情绪非常激动，紧握拳头，在办公室狂叫。我安抚他的情绪后，让他先回家。过后，我与他交流沟通才知道，他觉得象棋班只是让同学自己下棋，没有意思。看到同学上烹饪班，星期五可以自己带东西回家煮，他觉得有意思，好玩，所以想转班。事先跟家长说过，以为家长已经跟我交流，就直接带东西来了。而他紧握拳头狂叫是因为对他母亲生气。原来如此，我终于把事情了解清楚了。我告诉他"凡事必有至少三个解决方法"，教他怎样处理自己的情绪，以及怎样与老师沟通。他感觉到老师的接受，就乐于去改变了。同时我也跟烹饪班的老师沟通，希望她给孩子一次机会，可以对孩子提出明确要求，让孩子有所改变。最后事情终于解决，他转班成功。听烹饪班的老师说，每次课程结束，他都能组织同学搞好卫生，"头痛"学生不再让老师"头痛"。

是啊！体谅孩子的情绪和想法，站在孩子的角度思考和处理问题。理解孩子，最终孩子就能接受你的引导，从而改变自己。

案例4：

陷入困境的人，就是处理事情只用一种做法，并固执地认定除此之外别无选择。师源性后进生陷入了困境，怕学习。老师应该告诉他们，现在不成功，只是说现在用过的方法都得不到想要的效果。只有相信尚有未知的有效方法，才会有机会找到它并使事情发生改变。

六年级第一次单元检测，杰只得了48分。30分的习作，他竟一个字都没有写。他都六年了，该怎么办呢？问孩子怎么回事？孩子说：我是笨一点的。老师与他的家长沟通，家长告知：杰刚出生时缺氧，在监护室待了好久，现在能这样已经很不错了。前任老师说：是这样的，家长不管，自己又懒，接受能力又差。原来是这样，孩子这样说事出有因。放学后，老师对他进行个别指导。他基本完成，老师大加赞赏，希望他继续努力，他非常高兴地答应了。在以后的学习中，老师总是利用各种办法对他进行辅导。时间长了，不但他的成绩提高了，使他获得成功的机会越来越多，他的学习兴趣也越来越浓，在毕业考中语文考了70多分。

老师利用教练型班主任基本信念，关注师源性后进生，给他们机会，让他们获得成功，品尝成功的滋味，享受成功的感受，并将此转化成追求成功的动力，可以提高学生的兴趣。

案例5：

班上有一名孩子由于长期被同学嘲笑、瞧不起，老师又经常放任他，所以，他在班上很随意，上课愿意听就听，不愿听就看课外书，经常与同学打架，多次打伤老师与同学。有一次他咬伤了门卫，领导和家长要他道歉，他死活不肯，情绪非常激动。我见了非常生气。后来我想到："情绪本身不是问题，只是一个信号。"就对他说："你不说也行，就用行动表示吧，鞠个躬，叔叔就知道你认识到自己的错误，会原谅你的。"在这样的引导下，他终于行动起来，向门卫鞠躬道歉。这件事告诉我：要心平气和地直面学生的情绪，采用学生乐于接受的教育方法，引导学生，帮其改正错误，促其不断进步。我的原则应该是：不停留在是非对错上，如何应对和解决问题才是方向，任何一件事情都可以成为好事情。这件事后，他更加乐于接受我的帮助，每天都在进步。他学会了控制自己的情绪，不再攻击同学和老师了。我们的校长说他"阳光了，眼神都不一样了！"

案例6：

只强调做法正确或者有道理而不顾是否有效果，是自欺欺人。在"我好—你好—大家好"的三赢原则基础上追求效果，比坚持什么是对的更有意义。

聪明的小邹，不能好好地听课，不能按时完成作业，还经常顶撞老师。虽然被反复教育，他仍屡教屡犯。他在班上告诉同学："告诉我妈妈，我一点也不怕。"后来，我积极与家长沟通，发现他确实不怕母亲，却非常怕他父亲。摸清情况后，我与他父亲制定了一个表格，要求老师对孩子的上课情况进行评分，家长依此进行奖罚。孩子很不乐意，母亲也不是很赞同，但惧于父亲的威严，只能接受。一段时间后，孩子有了明显进步，为了孩子的自尊心和自信心，我又主动打电话给家长，建议取消评分表格，家长也听取了我的意见。但罗马不是一天建成的，孩子的毛病也不是一天就可以改掉的。由于孩子的父亲工作比较忙，无法适时督促，孩子的情况反复性很大。我又积极主动地与孩子母亲进行沟通，取得她的信任。于是，作业登记本就成了联络本。小邹的母亲写道：老师，孩子在学校是否还顶撞老师？""孩子说作业已经在学校上交，是否属实？""孩子近来在家表现比较好，作业能认真完成。"我根据家长反映的情况，对教育方法及时作出调整。一段时间后，科任老师和家长都说孩子进步了，懂事了，我也感到欣慰。老师积极地沟通，取得家长的信任与配合，顺利开展工作，使孩子健康快乐成长。

案例7：

做法有不同，结果才会有不同。任何具有创新思维的做法，都会比旧有的多一分成功的机会。改变自己，学生才有可能改变。改变是所有进步的起点。

2010年10月，学校开展评选"文明小公民"活动，每个班推荐四名学生。我在班上明确了要求，进行了公开的投票选举。每一个同学只能选一个，最后是五名同学入选，其中有一个是"闻名"全校的"麻烦"学生。我知道班上学生是故意的，在唱票的过程中，有些同学听到他的名字发出了嗤笑。结果出来后，我看到班上的同学齐刷刷地望着我。同学们或许都在想：五名学生只有四个名额，这下，看你老师怎么做！我首先肯定了五位学生的优点。这位调皮学生最大的优点就是喜欢搞卫生，倒垃圾。这是班里人所共知的，而且他的票数排第三。于是我决定把名额给他。我想告诉所有的孩子，我看到的是他们的长处，人人平等。既然大家推选他，虽然他有做得不够的地方，但我希望他以此作为动力，更高更严地要求自己，争取以后做得更好。我这一不同于以往老师的做法，赢得了大家的掌声，那位孩子更是激动万分，他也没有想到，自己会被选上。正如我所期待的，一年后，"麻烦"学生不再麻烦，最终以优异的成绩考上理想的学校。我对他说：希望三年后听到你的好消息。他的回答是：老师，我不会让你失望的。我期待着。

案例8：

灵活便是有一个以上的选择，选择便是能力。因此最灵活的人便是最有能力的人。灵活就是适应，就是接受，是使事情更快有效果的重要因素。

班上有一个特别的孩子。他觉得每个人都在嘲笑他，一有人看他，他就想跟人打架。他一点耐心也没有，对他说多两句，他就变得非常急躁，就控制不住自己紧握拳头，紧咬嘴唇，大声地嚎叫，甚至会咬人，非常的吓人。我及时跟他的家长沟通，了解他的情况，知道他是由于身体上的原因。我又做班上其他孩子的工作，希望孩子们对他宽容一些，不要惹他，他有什么做得不对的，告诉老师，由老师出面处理。但他又非常乐于为集体做事，我就经常抓住他的闪光点对他进行表扬。慢慢地，他能和同学和睦相处了，也乐于接受我意见。有一次还主动问我：老师，我还有什么地方需要改进？现在他是我班的体育委员。

我就是这样应用教练型班主任基本信念改变了自己的教育方法，引导学生学习，学生才发生了变化，得到了发展，他们愈来愈快乐。

教练型班主任基本信念是很实用的学问，的确能够推动一个人快速地提升他的素质，进而享受更大的成功的快乐。一个学生思想觉悟的提高、道德行为的形成、学习成绩的取得都离不开老师平时的关心与呵护，而对师源性后进生的转化，更应该倾注教师的不懈努力。在实施素质教育的今天，教师更应该更新教育观念，探索新的教育方法，努力做好师源性后进生的工作。相信只要有心、用心，根据不同学生的特点，恰当应用教练型班主任基本信念，就能把后进生的工作做得更好。

——广州市白云区景泰小学　庄巧红

Part2

成为自己的心态教练

导　语

　　获得奥斯卡最佳外语片等多项国际电影大奖的意大利电影《美丽人生》，给我们讲述了这样一个感人的故事：

　　一对意大利犹太父子被关进纳粹集中营，但即使是在这样的情况下，父亲仍然很乐观。他告诉5岁的儿子，这里的人们正在玩一场游戏，能够遵守游戏规则的人就能得分，最终谁的积分达到1000分谁就能获得一辆真正的坦克。天真好奇的儿子对父亲的话深信不疑，强忍住了饥饿、恐惧、寂寞和一切恶劣的环境。

　　在纳粹逃走前到处搜捕之际，父亲将儿子藏在一个铁柜里，千叮万嘱其不要出来，因为如果被人发现，就得不到坦克。当父亲被纳粹发现时，他还乐观地、大步地从铁柜前走过。最后，儿子奇迹般幸存了下来，并得到了胜利的奖品——一辆盟军胜利的真正坦克。

据说，这是根据真实故事改编的。

我很好奇，这位父亲是怎么做到这一切的？是什么东西在支撑着他做到这一切呢？

谁握住了我的遥控器？

自动化的情绪反应

午休的时候，有两个女生坐在操场边上的石凳上交谈，谈得开心，双脚不自觉地搭在旁边的护栏上。林老师看见了，担心学生的安全，马上走过去，要求学生马上把腿放下来。学生不情愿的表情和慢吞吞的动作让林老师一下子就来火了，大声训斥道："你们怎么回事？这种态度？给我站起来，跟我去办公室说清楚。"后来林老师告诉我，她面对学生的时候总会这样，一看到不好的情况，就觉得特别生气，情绪马上就爆发了。

彭老师在学校是出了名的人缘好，自己的工作出色地完成不在话下，同事、领导有什么需求、工作找到她，她总是爽快地答应下来，即使牺牲自己的时间、精力也会尽心尽力去完成。大家从来没见她发过脾气，只是发现她的笑容越来越少，精神越来越差。在我的培训课堂上，有一次做练习时，彭老师失声痛哭。她说，她的内心有太多的疲惫和不愿意，可是当别人一开口，她就无法拒绝。

面对外界的人、事、物，我们都会产生各种情绪。不同的是，有的人习惯将情绪发泄出来，让自己爽快，却可能让事态变得更严重；有的人习惯将情绪隐藏起来，不管自己多难受，也要讨好别人；还有的人会顾左右而言他，逃离自己的情绪，忙别的去了，却没能真正解决问题。可以看到，发泄也好、压抑也好，这些处理情绪的方式都不符合三赢的原则，都不是最佳的选择。

情绪的起伏困扰着我们，甚至被很多人视为洪水猛兽，通常我们会认为是自己的脾气不好，修养不到家。如上面提到的林老师，每次她生完气，都会很自责又很矛盾。一方面觉得自己没错，另一方面又觉得自己不该用那样的口气，影响了教育的效果。但是下一次遇到类似的情况，她还是会控制不住地发火。从生理学上来说，同样的负面情绪反复出现，在我们某些神经细胞之间就会建立起长期且固定的联系，形成一个习惯性的情绪模式，产生所谓的"情绪上瘾"情况。这种感觉就像自己被装上了程序，当别人按动遥控器，我们就自动化地进入了某个角色，忘我地开动起来。

如果我们不想要这种自动化的情绪反应，那么我们可以做些什么让情况变得不一样呢？或许我们可以从了解自己的情绪开始。

情绪的真面目

情绪是自己的

学生常会说，是他先嘲笑我的，我才忍不住打了他；老师常会说，他总是在上课时讲话，这让我非常恼火。将自己不愉快的感受归咎于他人，是我们常用的方式。台湾著名医师许添盛在《做自己的情绪调节师》一书中提到，情绪是大脑神经传导物质及荷尔蒙化学变化的结果。也就是说，情绪是一种生理上的反应。回想我们的学生时代，你可能有过被同学嘲笑的经历，具体是因为什么事你可能已经记不起来了，但被同学嘲笑的那种感觉相信你记忆犹新。可见，情绪与我们大脑中储存的经验和回忆有直接关系，是生命里不可分割的一部分。每个人的生命都是独特的，情绪是属于我们自己的。

人有各种各样的情绪，其中有些是正面的，如喜爱、快乐、愉悦和惊喜等；还有些是负面的，如愤怒、痛苦、恐惧、悲伤、失望、内疚等。有趣的是，很多人都倾向于只接受"好"的情绪，却很排斥"坏"的情绪。事实上，情绪没有好坏之分，它只是我们内心的感受经由身体表现出来的一种状态。就好像肚子痛一样，它可能是肠胃问题引起的，也可能是神经问题引起的。情绪也只是我们的内在发给自己的一个信号，是提醒我们从情绪中要有所觉察和学习，因此情绪并不是问题的本身。

吴老师告诉我这样一个案例：

有一次因为要搞班歌创编，学生们都很兴奋地在讨论歌词，到了早读时间也没能静下来读书。面对闹哄哄的班级，吴老师感到很愤怒，但他并没有批评学生，只是站在讲台上生闷气，希望学生能主动调整过来。但学生还是陶醉于自己的话题中，师生双方就这样形成了僵持的局面。

在这个画面中，我们可以感受到，吴老师有他的一份情绪，学生也有属于他们自己的一份情绪，两者是独立且界限分明的。每个人只能为自己的情绪负责，用自己的情绪来理解他人的行为，或要求他人为自己的情绪负责，这两种行为都可以看作一种超越界限的行为。能觉察自己的情绪，也能理解他人的情绪，是教练型班主任必备的一项重要能力。

情绪是可以转换的

情绪是一种心理能量的表现形式，就像天上的云彩，各种情绪之间是不断在转换的。当你因为自己班被值日教师投诉而感到愤怒的时候，感受一下愤怒的背后有没有一些羞愧？当你送走一批学生，开心地接受他们的感谢时，你的内心会不会还有一份失落？情绪是复杂的、流动的，可能到最后，连我们自己都无法看清最初的那份情绪了。

情绪的转换还体现在能量的流动上。每一份情绪都有其意义和价值，不是为我们指引一个方向，就是为我们提供一份力量，或者两者兼有。即使是负面情绪中也蕴含着正面的意义和价值。

例如，学生担心在课堂上发言时说得不好，会被同学们取笑，对回答问题感到很恐惧。因此每当老师提问，他就低下头，回避老师的目光，希望躲过提问。他的恐惧为他指引了行动的方向，以确保他不会为此而付出代价。

又如，穷山村里的孩子不想被别人看低，就会发奋学习，努力改变自己的命运——那份对现状的绝望和因被取笑而产生的愤怒情绪，就这样变成了推动穷孩子不断进取、脱离现状的力量。

班主任在感受到学生负面情绪的同时，还要能觉察到负面情绪里蕴含的正面价值，以此来引导学生将能量转换到我们想要的方向上。

情绪是会传染的

2009 年，甘肃省兰州市三十四中的 60 名学生在参加军训的时候，陆续出现头晕、恶心、手脚麻木和四肢无力等症状。当地卫生局调查后发现，由于是头一次参加军训，且强度较大，学生们在环境、训练、生活习惯、饮食、心理等方面都感到不适应。有个别学生出现了精神紧张、头晕等症状，其他学生也陆续受到影响，出现群体性的症状。

这个极端的事例告诉我们，情绪是会传染的。

心理学的研究发现，情绪会通过人际链传播和扩散，致使整个团体的氛围都受到影响。班主任可能都有这样的体验：有时候家里的老人或孩子生病，需要我们去照顾，然后我们带着沮丧、疲惫不堪的感受回到学校上课，学生们也会表现得萎靡不振，整节课的节奏也变得很拖沓、沉闷；有时候我们忙于处理手头上一项很急的工作，上课时间到了我们还保留着那份紧张、焦虑的感受与学生相处，学生就可能会变得很不耐烦，甚至很容易出现摩擦，造成冲突；有时候我们遇到不愉快的事情，这种不愉快的情绪就这样经由我们传染给了学生，乃至整个班集体。同时，积极正面的情绪也是会传染的。我们充满激情地向学生讲述某项活动的计划时，学生也会受到感染，表现得兴高采烈、跃跃欲试。

情绪之所以容易在人际间传播，是因为情绪会直接影响人与人交往过程中的表现。班主任可以充分利用情绪的这一特征，发挥自己的灵活性，在班集体中营造出积极正面的良好氛围。

信念决定我们的情绪

事件真的那么重要吗？

有两个旅行团来到日本的伊豆半岛旅游。这里的路况很差，到处都是坑洞。一位导游抱歉地对游客说："这里的路面简直就像麻子脸，没办法，大家忍忍吧。"而另一个导游却诗意盎然地对游客说："各位，我们现在走的正是赫赫有名的伊豆迷人酒窝大道！大家要把握机会，好好体验一下它的魅力所在。"

这让我想到，对于我们的情绪感受而言，事件真的那么重要吗？

美国心理学家阿尔伯特·艾利斯（Albert·Ellis）于20世纪50年代提出了关于情绪的ABC理论（见图2-1），认为人的情绪产生过程是一个被称作ABC的过程。其中，A是指触发性事件（Activating events），B是指个体所持有的信念（Beliefs），即他对这一事件的看法、评价和观点，C 是指结果或结果性感受（Consequence/Consequential feelings）。通常观点认为 A 触发了 C，而艾利斯则认为 A 只是引起 C 的间接原因，更直接的原因是 B。也就是说，人们对事物看法的不同，会引起行为和情绪的变化。

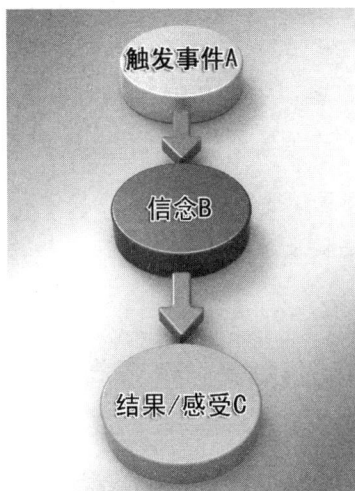

图 2-1　阿尔伯特·艾利斯的 ABC 理论

回想一下，当上课预备铃响起的时候，你通常是带着怎样的想法和情绪走进课室的呢？

也许有的老师会对自己说："唉，又要去上课了，一走进那个闹哄哄的班心里就烦！"于是他就拖着沉重的步伐走进教室……你能想象那 40 分钟有多漫长吗？

也许有的老师会对自己说："我得赶紧过去，看看都有谁还没安静地坐好，一定饶不了他。"于是他带着警惕的目光走进教室……你能想象那课堂的气氛有多紧张吗？

课题组的聂老师告诉我，每次上课她总是对自己说："快要上课了，有那么多的孩子在等着我去表扬呢，想想都很开心！"于是当她笑容满面地走进教室时，眼睛已经在寻找要表扬的学生了……你能想象学生们会有多期待她吗？

同样的课堂，不同的信念，就这样造就了老师们不同的情绪和行为，营造出完全不一样的课堂氛围。

在我的培训课堂上，有一位学员这样分享道：

我一直都不喜欢做班主任，觉得学生的工作很难做，但事与愿违，还是被迫要做。此后，我每天都能找到一些事例来告诉同事自己干得多辛苦，与学生在一起的日子变得很艰难。当我学习了 ABC 理论后，我开始明白并不是学生的问题触发了我的负面情绪，而是我本身所持有的负面信念在作怪。现在我会想：太棒了！领导要我做班主任，是多么信任我的能力；学生的事件其实是给了我很好的提升机会。当我有了这样的念头，班上的学生竟变得越来越可爱了，我越来越感觉到做班主任带来的成就感！

信念如何形成？

人的信念的形成主要来源于成长过程中获得的经验。如果你小的时候曾经将手指插入电插座孔里被电到过，你从此就知道电是危险的东西，不能碰。如果见到有同学因顽皮被老师惩罚，你就会知道哪些行为是不可以在上课的时候做的。我们的父母、长辈也会灌输给我们很多的信念。如果父母说不要相信陌生人，我们就会对陌生人产生防卫之心。

值得注意的是，父母、老师等人常常会本着爱孩子、让孩子少走弯路的初心，在孩子成长的过程中对其灌输很多的信念。但没有任何一种信念在所有的情况里都是绝对有效的。成人的信念是否都适合孩子及孩子所处的年代？这些信念是否都能传递积极正面的信息？这些是需要我们认真思考的问题。

例如，父母和老师都会对孩子说："要努力学习，不然将来就考不上好的大学，找不到好的工作了。"这句话背后的信念是：学习就是为了上好的大学、找到好的工作。这里隐藏着更深的信念：上了好的大学、找到了好的工作，我们的人生就幸福了、圆满了。当孩子被植入了这样的信念，就不难理解，为什么有这么多的学生在高考前、大学毕业前不堪重负，选择自杀来释放自己了。

那些限制了我们的信念

曾有一位小学班主任向我请教一些工作技巧，于是我向她推荐了一本这方面的书。当我再见到她时，她说："那本书确实很不错，可惜的是作者是高中老师，写的案例都是高中的，我没法照搬，太遗憾了！"

NLP 大师、华人李中莹先生在《重塑心灵：NLP——一门使人成功快乐的学问》一书中提到，我们所持有的信念中，有一些是会影响，甚至限制我们自己成长的。下面这些场景或许就发生在我们身边：

周老师：小学生不可能有什么好的想法，我一般都是靠自己制定班里的各项管理制度，自己设计活动，累死我了！

黄老师：我做个班主任，上语文课还兼上品德和综合实践课，这么大的工作量，我哪还有时间读书啊？

刘老师：这个学生我已经找他谈过好多次了，家长也不配合。这样的状态下，我还能做些什么？

假若老师们持有这样的信念，就会大大限制自己行为的灵活性，使自己停留于原地，失去了进一步学习、提升的机会和可能性。假若限制我们的只是环境层面的因素，如学生、家长、时间等，要做出转变还是相对容易的。但有些涉及身份层次的限制性信念，会对一个人产生根深蒂固的影响，这也是老师们常常追问的"为什么转变一个学生这么难"

的原因所在。

　　林老师班上有个瘦小的男孩叫小志，平时很少违反纪律，就是上课很少举手发言，而且一到考试就会失手，考试成绩与平时测验相差甚远。林老师与他本人多次谈心，总觉得他对学习没什么目标，也缺乏斗志。通过了解小志的家庭状况，林老师发现，小志的母亲早逝，他与父亲、后母和同父异母的弟弟一起生活。父亲和后母对弟弟疼爱有加、有求必应，却无视小志的存在，并要求他事事要让着弟弟，以弟弟为先。久而久之，小志感觉到自己在家中一点也不重要，没有存在的价值，也没有资格去获得父母的爱。我们知道，每个人最深层的渴望就是有价值、被接纳、被爱，但小志却长期得不到这些，心中逐渐形成了自己是"没有价值的人""没有资格追求爱的人"的身份认同，以至于在学校表现出没有目标，也缺乏斗志了。

　　从小志的例子可见，关于身份的限制性信念对一个人的成长造成的阻力是多么强大。教练型班主任工作的时候就是要有敏锐的觉察力，从表面的现象中识别出是什么信念在限制学生的成长和发展，这样棘手的学生问题才有可能被解决。

调节情绪工具箱

　　周老师是刚刚参加工作的新手教师。她发现在她的课堂上，学生精神比较分散，说话的现象比较多。她常常不得不停下讲课去维持纪律，导致进度拖慢了不少。为此周老师感到很沮丧，但也没有找到更好的方法，只有忍耐着，希望学生会有所转变。后来，当学生们实在太吵的时候，周老师就干脆要求学生在课室里反思和自学，自己逃回办公室生闷气。这样处理的效果不太理想，进度问题也还是没有解决。这样的情况持续了两周，当周老师再次面对学生的吵闹时，她再也按捺不住，对学生破口大骂。这时周老师所有的情绪都爆发出来了，她表现得歇斯底里，把学生们都吓坏了。

　　当我们产生负面情绪时，很多人总是先想到如何控制它，或是假装没看见，逃避它，但情绪是一种能量，压抑它就是将能量积存下来。正如这位周老师，任何能量的储存都是有限度的，长期的压抑，到最后就如同将被吹爆的气球，能量将不受控制地爆发出来，造成更严重的后果。不要控制、不要压抑、不要爆发——教练型班主任调节情绪工具箱给我们提供了有效的工具，帮助我们以乐观的态度、幽默的情趣及时地缓解紧张的心理状态，成为自己情绪的主人。

自我觉察法

　　林老师在学校忙了一天，拖着疲惫的身躯回到家，还没坐下，读二年级的儿子就跑过来要她陪他玩。林老师急着做饭，推开儿子，要求他马上回房间做作业。儿子冲回房间"嘭"的一声关上房门。等到要开饭了，林老师催促着儿子，但儿子就是不出来吃饭。林老师隔着门严厉地训斥了儿子，儿子终于出来了，一边流着泪一边把饭吃了下去。饭后，检查儿子的作业时发现错漏百出，林老师忍不住再次责骂了儿子。最后儿子修改好了作业，一边抽泣一边上床睡觉。

　　这是多么让人难受的一次经历啊！事情为什么会变成这样？因为繁忙的工作、繁重的家务，还是不懂事的儿子？我相信，答案一定是在林老师自己身上！在一开始的时候，如果林老师能很好地觉察自己的情绪，她应对儿子的方式就可能会不一样，事情的发展或许就会变得不一样了。要掌控自己的行为，首先要能成为自己情绪的主人；要做自己情绪的主人，第一步是要觉察自己的情绪，觉察力是教练型班主任的四项主要能力之一。

　　觉察自己的情绪变化，最快最直接的途径是从自己的身体感受入手。如果人、事、物勾起了我们的情绪，我们的身体层面一定有一个对应的地方会不舒服。例如，批改作业时，看到其中一本书写凌乱、错漏百出，你的眉头有没有不自主地紧皱起来？班会上，提到学生一些不良的行为表现时，你有没有握起双拳、肩膀耸起？参加学校的学习时，你被点名要求发表意见，你有没有呼吸急促、心跳加快？设计学生活动时，一个想法突然冒出来，你觉得不错，有没有觉得胸口热热的，手脚不自主地舞动？我们的情绪总是与我们的身体紧密相连，身体的感受忠实于我们的情绪，觉察到了身体的变化，就觉察到了情绪的出现。

通过身体的感受觉察自己情绪的变化，是后面所有情绪调节工具得以有效使用的重要前提。因此，多留意自己身体的感受，提高对自己情绪变化的敏感度，有助于我们更主动地调整心态。

情绪命名法

小斌是个三年级的男生，每次体检扎手指抽血时都会大哭。为此，班上的同学都取笑他。老师也总是对他说，男孩子要勇敢，但一点效果也没有。在我的观察中，很多老师都擅长给学生讲道理、讲观点，而忽略了让学生表达自己的感受。事实上，中国人似乎都不太擅长表达自己的情绪，甚至认为情绪感受是无关紧要的，只有权威的观点才是不可忽视的。在老师这个群体中这种情况更为突出。

陈老师曾抱怨隔壁班的路老师上课用的扩音器声音太响，影响了他上课。当他向我抱怨时，我问他：你当时有什么感受？

他说：我觉得他太不尊重其他老师了。

我说：这是你的观点，那你有什么感受？

他说：我感到他是一个自私自利的人。

陈老师一直在表达他对这件事的观点和看法，而不是他自己的感受。我们可以细细品味一下，当陈老师聚焦于观点时，他的语言就变成一只指向对方的手。归因于外在的人、事、物，自己就变得被动，除了指责和抱怨，似乎什么也做不了。一旦对方感受到了指责，矛盾冲突很可能就无法避免了。如果陈老师能留意到在这件事中自己有些心神不宁、有些烦躁的情绪，他的焦点就集中在自己身上，这有助于他去思考自我冰山深层的部分：我不喜欢这样，其实我期待和渴望些什么。

当我们能够用词语来命名自己的情绪感受时，就意味着我们接纳了自己有一份情绪的事实。这有助于我们将自己和他人区分开来，从而聚焦于自己，为自己的各种情绪负责，而不是抱怨别的人、事、物。清楚地表达自己的感受需要丰富的词汇，简单地用"开心"或"不开心"，实际上并不能准确地表达我们当下的实际状况。所谓的"开心"，可能是兴奋、惊喜或得意等等；所谓的"不开心"，可能是忧伤、灰心或痛苦等等。

为了更好地理解各种情感，提升对情绪的觉察力和敏感性，萨提亚理论研究并归纳出了 500 多个描述情绪的词汇，这里与大家分享一部分。

表达正面情绪感受的词汇：

兴奋 喜悦 欣喜 感激 感动 乐观 舒畅 坦然 自在 兴高采烈

自信 振奋 惬意 高兴 快乐 满足 惊喜 踏实 圆满 喜出望外

平静 放松 安全 温暖 愉快 欣慰 安心 宁静 无忧无虑 心花怒放

得意 自豪 惊讶 佩服 仰慕 舒畅 顺心 幸福 心安理得 心旷神怡

……

表达负面情绪感受的词汇：

害怕 担心 焦虑 着急 紧张 忧伤 愤慨 气愤 反感 心烦意乱

沮丧 灰心 泄气 绝望 悲伤 恼怒 悲哀 伤心 痛苦 心神不宁

失望 沉重 麻木 惭愧 内疚 妒忌 心酸 恐惧 厌恶 无精打采 胆战心惊

烦闷 厌烦 压抑 郁闷 冤枉 急切 惭愧 后悔 憎恨 心急如焚 心有余悸

……

日常生活中，我们随时可以做这样的情绪命名练习（要用具体明确的描述，不能简单地用"开心"或"不开心"来概括。）：

1. 学生上课玩手机，你想要没收，学生却怎么也不愿意交出来，你的内心有什么感受？

2. 为了迎接学校的合唱比赛，全班同学都在积极地练习。你在一旁观看，还提出了自己的一些建议，这时你的内心有什么感受？

3. 你打电话向家长反映学生的情况，希望家长配合，家长找出各种理由推脱，你感觉怎样？

4. 科任老师向级长反映了你们班自习课的纪律很差，很多人讲话，你的内心有什么感受？

5. 你在学校忙了一天，拖着疲惫的身躯回到家里，孩子热情地邀请你陪他玩，你的心情如何？

6. 在路上遇到一位旧时的朋友，你热情地向她招手。可她却没有向你打招呼，转弯走上了另一条街，这时你的内心有什么感受？

7. 你向你的丈夫（妻子）讲述了今天的有趣经历，可对方一直在看报纸，一点反应都没有，你有什么感觉？

8. 周末你们一家三口到公园游玩，你们划了船还坐了摩天轮，你的心情如何？

经常地练习，遇事多问问自己的感受，我们对自己的情绪变化就会有更多的觉察，同时也会对他人的情绪变化更敏感。

运用身体法

在自我觉察法中，我们已经提到，情绪的出现总是伴随着身体层面的变化，觉察到身体的变化就可觉察到情绪的变化。在此基础上，运用我们的身体来达到调节情绪的作用，是更积极主动的做法，也是更快速有效的做法。

改变姿态法

有一次，我陪卢老师参加一个教师演讲比赛。在后台等待的时候，卢老师表示她很紧张，感觉自己心跳得特别快，面部肌肉紧绷，坐在椅子上四肢发软，头脑一片空白。我建议卢老师站起来走动一下，模仿我们平时吃东西的样子有意识地运动上下颚，有节奏地摆动一下四肢。过了一会儿，她带着灿烂的笑容，迈着从容的步伐走上了讲台。

NLP 理论认为，我们的身体会受情绪的影响，如情绪低落时会垂头丧气，生气时会咬牙切齿。改变姿态法就是运用了身体与情绪相互影响的特点，通过主动改变我们的身体姿态达到改变情绪的效果。它是我们运用自己身体最简便且快速调整状态的方法。

试试看，当我们觉察到自己出现负面情绪时，可以微笑、昂首阔步、深呼吸、嘴里哼哼歌，要是不会唱，吹吹口哨或哼一哼也是可以的。

跟随他人法

刘老师最近因为家里的琐事与先生吵架了，夫妻各执一词，争持不下进入了冷战。这使得刘老师的情绪非常低落，做事总是提不起精神来，很难轻松地面对学生。这样的状态不仅让她自己感到越来越难受，也直接影响了她的教育教学工作。

有时候，我们确实会像刘老师那样，被一些负面情绪缠绕，较长的一段时间也走不出来，要快速调节也不太容易。或许我们可以尝试利用跟随他人法来作一些自我调整。跟随他人法是来源于 NLP 的一项有效提升觉察力和同理心的工具，美国著名的 NLP 导师更形象地称之为"踏进别人的鞋子"。把这项工具应用到教师的心态调适中，可以帮助教师觉察到更多的看问题的角度。

具体做法就是，找一个性格乐观或者是当下情绪状态比较好的人，有意地跟随他一段时间，模仿他外在的行为举止、神态表情。站在他的身后或身旁，如同影子一样地跟随。他大步走我们也大步走；他的手抬多高我们的手也抬多高；他快我们也快，他慢我们也慢。根据自己的感受，持续 10 分钟或以上，也可以在一段时间内多次跟随，我们的情绪会有明显的变化。借由模仿他人的动作，我们可以进入他人的内在冰山，体验他人的思考方式。这让我们有机会从他人的角度来看待自己的问题，获得新的发现。

电影院法

罗老师是一位中专学校的班主任，为了规范学生使用手机的行为，她特别制定了手机使用的班规。可是，总有学生控制不住自己。那天，学生小豪上课的时候偷偷低下头玩手机。罗老师发现后没收了他的手机，并通知了家长。没想到家长的反应很大，下午就来到学校，质疑罗老师。面对家长的无理取闹，罗老师感到很愤怒、很委屈，情不自禁地与家长争论起来。话一出口，罗老师马上意识到自己又进入了情绪处理的自动化模式。如果你是罗老师，在这个当下，你如何快速有效地调整自己呢？

这里提供给班主任们的电影院法，就是针对强烈负面情绪的自我调节工具。电影院法最初由理查德·班德勒博士设计，其后苏茜·史密夫对这个工具进行了进一步的补充和完善。为了更便于老师们使用，我在借鉴这一方法的过程中也进行了一些修改。这种方法帮助我们在不良情绪出现时，快速地觉察，并把自己想象为第三者来看待当下的情景，从而使自己的情绪平复下来，客观地应对问题。

记得台湾著名漫画家朱德庸曾写过这样一句话：每当我心情不好的时候，我就会想象自己漂浮在外太空看地球。地球会越变越小，烦恼也会越变越小。电影院法的原理与之相似，同时更提供了三个层次的具体做法供老师们选择。对于罗老师的处境，我建议：

第一层次：向后退两步（如果现场条件不允许，可根据实际情况将身体的位置稍微移动，目的是打破当时的交谈氛围），想象自己与家长争论的这个画面变成一个电影场景，真实的自己已不在当中，只是在电影屏幕前面观看电影的观众。无论家长的言语多么激烈，告诉自己，那都是电影中的场面，观众是安全的。（见图 2-2）

图 2-2　电影院法①

第二层次：如果还是觉得有较大的情绪感受，可以再后退几步让自己与家长的距离更远些。想象自己坐在放映厅的最后一排座位上，离开电影屏幕有一段非常远的距离了。告诉自己，影片中的家长是对影片中的班主任这个角色有意见，观众是可以很放松的。（见图 2-3）

图 2-3　电影院法②

第三层次：此时如果还是感到内心情绪不平，可以直接后退至背靠墙壁，让自己有所依靠。想象自己坐在放映厅最后面的放映室里，与观众席之间还隔着一道玻璃墙。这道玻璃墙使得影片中人物的形象和对话声变得模糊，也使自己的呼吸变得更清晰。觉察到自己有节奏的呼吸，告诉自己，我还是我自己。（见图 2-4）

图 2-4　电影院法③

我们相信，没有两个人是相同的，因此对同一事件，每个人的感受会不一样。电影院法所提供的三个层次应对方法，应用起来非常灵活。我们可以根据自己的情绪强烈程度，逐层递进地叠加使用。当然，需要强调的是，电影院法的有效运用是建立在有好的觉察的基础之上的。想要应用自如，多次的练习也是必不可少的。

转变信念工具箱

做自己的心态教练，从调节情绪入手是非常快速有效的。不过从长远来看，调节情绪往往只是治标，因为人的情绪受我们所持有的信念影响，内在的信念没有改变，当类似的触发事件再次出现时，我们的负面情绪又会卷土重来。所以，要想有一个好的心态，不管遇到什么情况都能从容应对，转变信念才是治本之法。通过改变我们的信念，找出负面事件中隐藏的正面、积极的意义和价值，我们的情绪自然会发生改变，我们的心态也会随之发生改变。

信念审查法

在与老师们的交流中，我常常会听到这样一些表述：他这种状态，怎么可能学好；家长不配合工作很难做；我已经找他谈过了，没办法的……当我们有这样的负面想法时，我们就会变得无能为力。但事情真的是这么糟吗？运用信念审查法，可以帮助我们重新审视自己的信念，发现转机。

教练型班主任有九条基本的信念，都是非常正面积极的。以此作为信念审查的依据，可以让我们从不同角度重新看待和分析这件事，达到迁善心态的效果。具体做法如下：

第一步：将一个困扰自己的问题写下来，朗读两遍，体会自己身体和情绪的感受。

第二步：将教练型班主任的九条基本信念写下来。

第三步：念一遍自己的问题，接着念一条教练型班主任的基本信念。逐条对照，看看自己会产生些什么新的想法和感受。

第四步：再次念自己的问题，体会自己身体和情绪的感受。

下面是我们课题组老师提供的一个案例：

问题：对于小志经常不交作业这个问题，我实在是没办法了。

感受：当我读了两遍之后，我感到肩膀很痛、胸口很闷，同时感到很焦虑、很沮丧、很悲伤、很无力。

审查：

1. 每个学生都是独一无二的。

——也许我不应该用同样的标准来要求所有同学。（感到有些放松。）

2. 每个行为背后都有我们能接受的正面动机。

——小志不交作业的正面动机会是什么呢？（感到很好奇，脑海中出现了很多关于小志的画面。）

3. 情绪本身不是问题，只是一个信号。

——我有这么多的负面情绪，给我些什么提醒呢？（我发现自己工作得很投入，我爱我的学生，现在我感到胸口有一股热气，我有开心的感觉。）

4. 无所谓失败，所有发生的事情都是促进成长的学习过程。

——小志不交作业就说明我的教育是失败的吗？如果我现在放弃了小志，那我就真的失败了。我可以从这件事上学习些什么呢？（现在我脑海里想的都是接下来要怎么做，感到有力量。）

5. 师生沟通，有效果比有道理更重要。

——我与他谈了这么多次，他都没有改善，说明我的办法没有效果。那什么方法对他才会有效呢？（感觉平静了，能接受自己目前的不足。）

6. 重复旧的做法，只会得到旧的结果。

——确实是这样的，我不想重复旧的结果了。（感觉平静、坦然，想改变。）

7. 每个问题至少有三种解决方法。

——除了这个方法，我还可以做些什么呢？（好奇，脑子转得很快。）

8. 每个学生都已具备足够的成长资源。

——小志自身有些什么资源可以利用的呢？（感到好奇，脑海中再次出现很多关于小志的画面。）

9. 在班级系统里，最灵活的人最能决定大局。

——是的，我要成为最能决定大局的那个人。我怎样才能更灵活呢？（关注点在想方法上。）

回顾：再念原来的问题，感觉它不再是解不开的困境，整个人感觉轻松多了。

拿起笔，将你在工作中的一些负面想法写下来，用我们的工具逐一审查一下吧，看看会不会有不一样的发现！

定框法

关于框架

一天，一位新闻记者来到了陕北的一个小山村。他在山上碰到了一个放羊娃正在放羊，于是便和放羊娃聊了起来。下面便是他们的一段对话：

问：你放羊是为了什么？

答：养大了卖钱。

问：卖了钱干什么？

答：盖房子。

问：盖房子干什么？

答：娶媳妇。

问：娶媳妇干什么？

答：生娃。

问：生娃干什么？

答：放羊。

以这段对话，让我们清晰地看到了放羊娃对自己每天放羊这个行为的理解和看法，正因为有这样的观点，才产生了放羊娃的行为。美国NLP大学的创始人罗伯特·迪尔茨将我们的各种信念、观点和看法形象地比喻为"框架"。他在《从教练到唤醒者——NLP人生成功宝典》一书中提到，我们对某件事的理解，事实上存在一个框架或背景，于是我们为这件事赋予了一定的意义。

一个人的思想框架，会直接影响他对具体人、事、物的解释和回应方式。比如摄影师在拍照时总会先设定一个框架，将想要拍摄的景物放进框架之中，从而表达出某种意义。看图片的人，也会通过图片周围的边框来感知和理解图片内容中包含的信息。

下面，请跟随我来做一个体验。请看下图：

图 2-5　图片的框架①

现在请回答：

看到这张图时，你有什么感受？

如果要用一句话来概括这幅图，那会是什么？

接下来，我们继续看第二幅图：

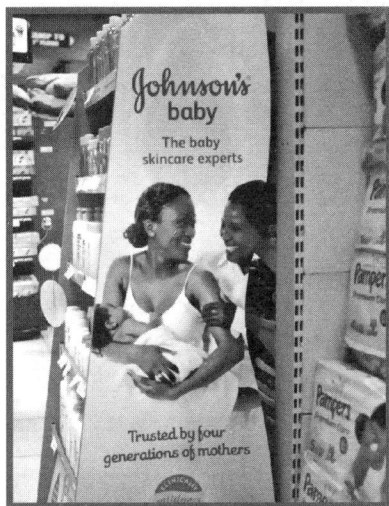

图 2-6　图片的框架②

现在请回答：

看到这张图时，你有什么感受？

这次的感受与上次有什么不一样？

如果要用一句话来概括这幅图，那会是什么？

接下来，我们继续看第三幅图：

图 2-7　图片的框架③

现在请回答：

看到这张图时，你有什么感受？

这次的感受与上两次有什么不一样？

如果要用一句话来概括这幅图，那会是什么？

这里借用了一张由《纽约时报》摄影记者泰勒·希克斯 (Tyler Hicks) 拍摄的、反映 2013 年肯尼亚恐怖袭击事件的照片，它因真实地记录了当时的情形而获得普利策新闻摄影奖。

通过体验，可以真切地体会到在不同的框架下，我们对人、事、物的理解会有天壤之别。事实上，用怎样的思想框架来看待人、事、物，从而让我们的内在常常保持丰盛和喜悦的状态，是我们要学习的部分。

问题框架与效果框架

一个小女孩正趴在窗台上看风景，窗外的人正埋葬一只可怜的小狗，它刚刚遇到车祸去世了。小女孩不禁泪流满面，悲痛不已。她的外祖父见状，连忙引她到另一个窗口。窗外是一大片玫瑰花园，看着盛开着的五颜六色的玫瑰花，小女孩顿时展露出甜美的笑容。老人轻轻地抚摸着外孙女的头，说："孩子，你刚才开错了窗户。"

我们看待问题的角度就如同打开一扇窗户，当我们将所有的注意力都放在"问题"上时，我们就被引领到"问题框架"之中，专注于那些不想要的症状并寻找它们的起因，但这些对我们解决问题毫无帮助。教练型班主任应具备的四大能力之一便是目标导向的能力——不沉溺于问题，致力于问题的解决和目标的达成。定框法就是引领我们使用目标导向的"效果框架"来看待问题。效果框架带领我们专注于理想的三赢效果、获得的效益以及所需要的资源，帮助我们厘清目标，让我们更容易获得问题的解决之道，使事态向更积极正面的方向发展。表2–1是在问题框架与效果框架下，我们通常会问自己的问题。

表2–1　问题框架与效果框架问题对比表

	问题框架	效果框架
问自己 的问题	出了什么问题？ 是什么原因导致了这个问题？ 是谁的错？ 因为这个问题，我有什么损失？	我想要什么？ 我要怎样做才能得到我想要的？ 我手上有些什么资源可利用？ 还可以添加什么资源？

我们相信，谁设定框架，谁就能掌控大局。我们在为自己定框的同时，也就为学生和班级设定了方向。例如，在上课之前我们可以给学生定框：在这节课里会有什么有趣的事情发生呢？那么整节课学生都会将注意力放在寻找有趣的事情上了。再如，我们让同学们写出同伴的优点，那么大家都会去寻找别人的优点了。

可见，在班级系统里，最懂得设定框架的人，就是最灵活的人，就最能掌控大局。

对于下面几个问题，大家可以如何运用定框法提供的效果框架来解决？

1. 孩子考试得了 60 分，你怎样回应孩子呢？

2. 两个学生发生了矛盾，打了起来，你会怎样和他们谈呢？

3. 学生上自习课，你作为班主任想去巡视一下，你会给你的这个行为赋予怎样的意义呢？

换框法

所谓换框法，就是指更换一个不同的框架或背景，以改变某件事情对于我们的意义。换框法具体有以下几种：

意义换框法

在《心灵鸡汤》一书中，有这样一个故事：

一个国王带着他最倚重的宰相出去打猎。国王打中了一头狮子，兴冲冲地跑了过去。谁知道狮子并没有死，突然奋起袭击。在侍卫的救护下，国王活了下来，但是小拇指被折断了。国王很伤心，可是宰相却说："一切都是最好的安排。"国王很愤怒，把宰相关了起来。一个月后，国王的伤好了，独自骑马出去玩。在丛林之中，突然来了一群野人，把他团团围住。原来野人们想在月圆之夜杀一个人祭神，国王很不幸地成为了他们的祭品。可当野人们准备杀死国王的时候，却发现国王的小拇指缺了——献给神的礼物怎么能有残缺呢？他们只好把国王放了。回到皇宫中，国王马上把宰相请来，说道："我今天才领略到'一切都是最好的安排'这句话的意义。不过爱卿，我因为小指断掉逃过一劫，你却因此受了一个月的牢狱之灾，这要怎么说呢？"宰相笑了笑，说："陛下，如果我不是在狱中，按以往的惯例肯定要陪您出行。野人们发现您无法作为祭品的时候，我不就成了祭品了吗？臣还要谢谢陛下的救命之恩呢！"

李中莹老师在《重塑心灵》一书中提到，世界上所有的事情本身没有意义，所有的意义都是人加上去的。所以一件事情，可以有一种意义，也可以有很多种意义；可以有负面的意义，也可以有正面的意义。在上面的故事中，无论是国王失去了小拇指，还是宰相被关进狱中，就事情本身而言，它们并不具有正面或负面的意义，在国王的思想框架下，事情被赋予负面的意义；而聪明的宰相看到了负面事件的正面价值，所以能以轻松的心态应对。

意义换框法就是致力于找出问题行为潜在的可能的正面意图，其目的包含两个方面：第一，行为背后积极的内在动机，比如学生上课说话可能是渴望被爱、被接纳和有价值。第二，考虑到更大的系统或行为所发生的情景下，该行为所带来的正面利益和价值，比如感觉同事很强势，说明他很有决断力；感觉领导说话绕弯，说明他思维很缜密。进行意义换框时，我们可以从以下几个角度来问自己一些问题：

这件事对我而言有什么好处？

他这样做会得到些什么好处？

我能从这件事中找到什么有助于我的资源？

日常生活和工作中，我们遇到太多不如意的事情，给我们带来太多的负面感受，如果能给事件换一个正面积极的意义或让其成为一个资源，我们眼中的世界会有怎样的不同？

用固定的句式进行意义换框也是很好的方式。我曾经引用李中莹老师的方法，给我的培训学员们做过这样一个练习：

现在的独生子女都很有个性，只顾自己，不懂得与他人合作，使得班级管理的难度加大。为此，很多班主任都表示：**学生不合作，我工作得特别辛苦。**

根据 ABC 法则，这是一句典型的因为 A，所以 C 的句式，转变的重点就在 B 上。关键是我们不仅要能找出 B1，还要找到 B2、B3……以此拓宽我们的思想框架。

请用下面的句式进行转换，找出"学生不合作"给老师带来的正面价值，至少写出三个版本：

学生不合作，所以我要积极工作，因为＿＿＿＿＿＿＿＿＿ 。

以下是部分学员的作业：

学生不合作，所以我要积极工作，因为

1. 这又是一次新的学习、新的经验积累经历。

2. 我相信学生看到我积极工作，他们也会慢慢变得合作。

3. 我的态度能改变学生，学生的改变能给我带来快乐！

4. 这是我最挚爱的工作，用心教育好每一个孩子是我每天快乐的源泉。

5. 我是最灵活的，我能掌控大局。

6. 我要让学生感受到合作的快乐，我也要做一名快乐的老师。

7. 我要用自己的行动改变现状，使学生乐于与我交流合作；

8. 我相信真挚的情感一定会感染学生。

9. 我相信爱是相互的，我爱学生，学生也会爱我。

10. 如果学生都是乖巧合作的，就显不出老师存在的价值了。

11. 积极是我的工作态度，与学生的合作不合作无关。

12. 教育不是为了让学生迎合教育者，而是让教育者引导学生不断走向自我完善。

13. 我是老师，应该是我引领学生，而不是学生影响我。

14. 我想超越自我，向困难挑战，展现我作为老师的魅力。

15. 我要通过自己的努力去成为他们好的榜样。

我们可以找出自己最喜欢的一条，反复地念，感受一下新的句子与原句，哪一句让自己感觉更舒服，更有力量。

类似的练习我们还可以做很多，要记住的是，凡事都可以被赋予三种以上的意义，所以每个都要至少找出三个版本。练习时特别要注意的是，我们重定的意义必须是自己可控的目标、可为的做法，切不可将改变寄托在别的人、事、物上：

1. 因为我年纪大了，所以很难适应新的课改。

——我年纪大了，所以要积极适应新的课改，因为_____。

2. 因为我的职称没有聘上，所以我做不了太多的工作。

——我的职称没有聘上，所以要积极工作，因为_____。

3. 因为校长很苛刻，所以我工作得很不开心。

——校长很苛刻，所以我要积极工作，因为_____。

二者兼得法

开展新课改以来，刘老师感到教学任务重了很多，而课时量却是有增无减，再加上密集的新课程教材教法的学习任务，让她有应付不过来的感觉，连家里人也埋怨她光顾工作不顾家了。她不禁感叹，现在做个老师真不容易啊！

刘老师的问题，其实也是很多老师的问题。生活中我们容易受到限制性信念的束缚，认为那就是现实。为使自己觉醒，我们可以提醒自己：坚持二者不能兼得对我没有好处；坚持二者可以兼得对我有好处！

对于这种问题，我们可以尝试用二者兼得法来进行换框。二者兼得法是意义换框法的另一种形式。在使用二者兼得法进行换框时，我们可以问这样的问题：

假如 A 与 B 是可以兼得的，我需要怎样想或怎样做才能把它实现？

例如：我工作之余还要督促孩子学习，没有时间陪丈夫，夫妻关系能好吗？

——假如我能管好孩子的学习，又能陪伴好我的丈夫，我需要怎样做才能实现呢？

教会孩子更有效的学习方法，缩短学习时间；邀请丈夫参与亲子活动，多与其交流孩子的学习情况……

类似的问题还有很多，我们可以尝试一下为下面的问题找出二者兼得的方法：

1. 要求教学质量提高，必须增加课时量才行。

——假如可以提高教学质量，又不用增加课时量的话，我需要怎样做才能实现呢？

2. 为了维持办公室的安宁，我只得避免和她说话。

——有没有一个方法既能维持办公室的安宁，又不影响我和她之间的沟通呢？

3. 每天工作这么忙，我哪有时间学习啊？

——假如每天工作充实又能抽出时间学习，我需要怎样做才能实现呢？

环境换框法

一天，一位教士做礼拜时忽然烟瘾上来了，就问主教："我祈祷的时候可以抽一支烟吗？"结果，这位教士遭到了主教的呵斥。后来，又有一位教士也遇到了同样的状况，犯了烟瘾，但他却换了一种方式问道："我吸烟的时候可以祈祷吗？"主教竟然莞尔一笑，答应了他的请求。

同一件事情，如果以做礼拜为背景，在这个环境中抽烟，当然是大不敬的事情；而如果以抽烟为背景，在这个环境中还不忘祈祷，自然是难能可贵的事情。可见，同样的一件东西或一个情况，在不同的环境中包含的价值会有所不同。环境换框法就是通过改变环境从而改变事件带给我们的意义。进行环境换框时，我们可以问这样的问题：

这种行为在什么环境下会有价值呢？

这种行为在什么情况下是可以被接受的呢？

将这种行为放入新的环境之中，原来的问题就能变成资源了。每个问题我们都可以尝试找出至少三个答案，例如有老师说：学生太好动了，按也按不住。

换一个角度来考虑：学生活泼好动，在什么情况下是有价值的呢？

在上体育课时，老师是否希望学生都能动起来呢？

在开展各种班级活动、竞赛的时候，学生的积极参与是否很重要呢？

在鼓励学生自主、合作、探究的新课堂中，学生爱动、敢讲是否是重要的呢？

当我们能找到这么多的例外情况时，学生的问题就不再是问题，而变成了促进教育教学的有利资源，老师需要做的是想想如何利用好它。

下面我们自己也来做做这个练习，对下面每一个句子提出三个例外的情况，思考我们如何将问题变成资源：

1. 这个学生的行动太缓慢了，急死我了。

2. 这个男孩经常与同学打架，令我很烦恼。

3. 学生总是讲出很多理由来反驳我，就是和我过不去。

时间换框法

小涛升上三年级以后，学校开设了羽毛球课。每周一节的羽毛球课，小涛学习得特别认真。到了期末，学校组织了一节家长观摩课，小涛的妈妈满怀好奇地来看小涛上课。一节课下来，小涛妈妈感到有些失望，因为她看到小涛总是接不住对面打过来的球，发球也总是不过网。

她找到老师说出了自己的担心："老师，都一个学期了，我们小涛才打到这么个水平，他是不是不太适合打羽毛球啊？"

老师微笑着说："小涛到底是不是打羽毛球的料呢？如果从这个学期的教学目标来看，他可能掌握得还不是特别好；如果从他未来还有几十年学习并享受打羽毛球的时间来看，最初几个月的表现真的那么重要吗？"

羽毛球老师在这里使用的就是时间换框法，让小涛妈妈豁然开朗，心情马上平伏下来。这个案例让我们明白，行为在不同的时间框架内有不同的意义。对于时间，我们一般分为过去、现在和未来三个框架。很多时候我们会被过去的某些事情影响，但是过去已经发生的事情是无法改变的，如果我们一直抱住不放，就只能沉溺其中，看不到希望和转机。实际上我们完全可以将过去的感受留在过去，用新的眼光来体验当下，展望未来，未来才是充满无限可能和生机的。时间换框就是通过改变时间框架，使行为的意义也随之改变。

著名的黑人运动领袖、诺贝尔和平奖获得者、南非前总统曼德拉先生在经历了27年的牢狱之灾后，说了一段这样的话：当我走出囚室，经过通往自由的监狱大门时，我已经清楚，自己若不能把悲伤与怨恨留在身后，那么其实我仍在狱中。曼德拉将悲伤和怨恨留在了过去，将关注点放在未来要什么、现在如何做上，最终终结了南非的种族隔离制度，受到了各界的赞许，包括从前的反对者。

同样，老师面对有各种突出问题的学生，往往会发出感叹：**像他这样的学生我是没办法教好的了！** 如果我们有这样的想法，我们的内心可能已经准备放弃这个学生了。用时间换框法，我们可以这样对自己说：**像他这样特别的学生，我目前还没掌握更好的办法帮助他学好。**

再比如，我们常会说：**我心情不好，什么事都不想干。** 情绪起伏是人之常情，沉溺其中只会给我们带来被动的无奈，对我们的工作和生活毫无帮助。不如问自己：**我想维持这种不好的心情多久？**给自己定一个时间框架，同时想好期限到了要干什么，时间换框法能让我们真正成为自己情绪的主人。

李中莹老师根据这一理念，设计出了一个时间换框同时进行转化的句式结构，我们称之为"五步转化法"。具体结构如下：

困境：我做不到（不会、不懂）A。

改写：到现在为止，我尚未做到（掌握、懂得）A。

因果：因为过去我不懂得……，所以到现在为止，尚未做到A。

假设：当我学懂……，我便能做到A。

未来：我要去学……，我将会做到A。

例如，胡老师是初一（3）班的班主任。她热爱学生，工作积极，就是对待学生时表现得比较急躁，遇到学生出现不良行为时很容易发脾气。渐渐地，学生对她敬而远之，她自己也感觉到这样对待学生不好，很想作出改变，但就是控制不住自己，常常是对学生发了脾气，事后又很后悔。

胡老师遇到了一个困境，可用五步转化法转变信念，做法如下：

困境：我很容易对学生发脾气。（这个观点因为没有时间框架，说出来就像是一句永恒的真理，很难突破。）

改写：到目前为止，我不太善于管理自己的情绪。（这里在两个方面进行了改写：第一，为自己的行为加上了一个时间框架；第二，将负面表述的"发脾气"转换为正面表述的"不善于管理情绪"，达到正面导向的效果。）

因果：因为过去我没有意识到管理自己的情绪是一种很重要的能力，也没有掌握管理情绪的有效方法，所以到目前为止我还不太善于管理自己的情绪。（归因于内，而不是外在的人、事、物。）

假设：当我学习到有效的情绪管理方法，提升了自己管理情绪的能力，我就能以好的情绪状态应对学生问题。（在做假设时，最好使用"当……"或"一旦……"，而不是"假如……"或"如果……"，因为后者的不确定性更大，前者则暗示一定能做到。）

未来：我要去找一些有关情绪管理的书籍来阅读，向有经验的班主任学习情绪管理的有效方法，在实践中不断反思和总结，努力提升自己管理情绪的能力，我一定能以好的情绪状态应对学生。（找出自己可利用的资源、具有操作性的方法，至少三个，帮助自己实现转变。）

从最初的"很容易对学生发脾气"，到最后的"能以积极的情绪状态应对学生问题"，可以感受到胡老师整个心态发生了积极正向的变化。过程中不但有明确的目标，还找到了至少三种方法，使转变的信心更足、动力更强。

五步转化法只是提供了一个时间换框同时做转化的路径，当我们熟悉了这一路径后，就不必拘泥于每一步，可以灵活运用了。

最后提供给大家的是我们培训班中几个学员的转化案例，希望能给大家带来启发。

案例 1：我不能坚持锻炼

困境：我很想锻炼好身体，却不能坚持做运动。

改写：到现在为止，我还不能坚持锻炼身体。

因果：因为过去我不懂得合理安排时间，也没有找到特别适合自己的运动项目，给自己足够的压力，所以到现在为止，尚未能做到坚持锻炼身体。

假设：当我在每周确定一个下午，找出两个小时的时间，通过多种尝试找到适合自己的运动项目，给自己足够的压力和必要的奖惩，我一定能坚持锻炼身体。

未来：我要在每周固定两个小时的时间，确定一个适合自己的运动项目，认真执行、请人监督，我一定能做到坚持锻炼身体。

案列 2：我无法通过 TKT 考试（非英语国家英语教师资格证项目）

困境：我无法通过 TKT 考试。

改写：到现在为止，我还没有通过 TKT 考试。

因果：因为过去我没有过此类考试的经验，我的学历不高，也没有参加过相关的培训，所以到现在为止，我还不能相信自己可以通过这次 TKT 考试。

假设：当我参加了相关的培训，向曾经考过的老师取经，自己多花些时间去复习准备，我一定可以通过这次 TKT 考试。

未来：我要认真地参加这次培训，虚心地向曾经考过的老师取经，同时自己多花些时间去复习准备，我一定可以通过这次 TKT 考试。

案例 3：我的孩子自卑又依赖

困境：我的孩子自卑又依赖

改写：到目前为止，我的孩子既不独立也不自信。

因果：因为过去我没有更多教育孩子的经验，也没有意识到培养孩子独立自信的重要性，所以到现在为止，我还没有培养出孩子的独立自信。

假设：当我意识到培养孩子独立自信的重要性，学习了培养孩子独立自信的相关知识，在与孩子的相处中不断改变自己的方式方法，我就能培养出一个独立自信的孩子。

未来：多阅读亲子教育的书籍，如《童年的秘密》《亲子关系全面技巧》《孩子，你慢慢来》等等，多与有经验的家长进行交流，并从实践中积累经验，我一定能培养出一个自信独立的孩子。

案例 4：这个学生总是不完成语文作业

困境：这个学生总是不完成语文作业。

改写：到现在为止，这个学生总是不完成语文作业。

因果：因为过去我未能很好地关注这个学生，也没有掌握到指导他的有效方法，所以到现在为止，我尚未帮助到这个学生。

假设：当我真正弄清楚这个学生内在的需要，掌握了指导他的有效方法，我便可以真正帮助到这个学生。

未来：我会多学习一些儿童心理学方面的知识，花时间去关注这个学生，并与他的父母和他本人深入地谈谈，共同制定一些措施，我一定能帮助到这个学生，让他按时、高质量地完成作业。

眼球转动整合法

脑科学研究发现，人在成长过程中通过外部感官接受外界刺激，并做出相应的行为，逐渐形成了大脑神经元之间的联结和运作方式。当这些联结反复出现时，它们就会变得越来越坚固，成为我们的思维和行动的惯用模式，让我们对世界产生独特的个性化的理解。而储存我们惯用模式的神经与牵动眼球的神经在脑干部分的网状组织汇聚并产生联结，所以当某种惯用模式启动时，有关的眼球牵动神经也会受到影响。

眼球转动整合法就是运用这一原理，试图通过转动眼球，带动相应的神经活动，松动原有的神经网络，甚至搭建新的神经元联结的方式，达到拓宽我们的思想框架，开阔思路，增加创造性的效果。具体作法如下：

1. 伸出大拇指在眼睛的正前方，眼睛一直盯着大拇指。心里默念一个正影响自己的限制性信念，如我不可能完成这个任务；在全体老师面前发言，我做不到……

2. 想象将这个限制性信念放在了自己的大拇指的指甲盖上。头保持不动，眼睛跟随大拇指移动。

①眼睛跟随大拇指呈 ∞ 形移动（见图 2-8），确保在交叉位置无论向左还是向右，手都是向上移动的。

②眼睛跟随大拇指向左右两边水平移动（见图 2-9）。

图 2-8　∞ 形移动

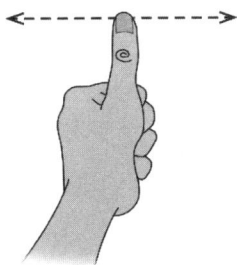

图 2-9　水平移动

③眼睛跟随大拇指沿顺时针方向转动，若干圈后改为沿逆时针方向转动（见图 2-10）。

图 2-10　顺（逆）时针转动

④留意眼睛移动时，有没有不顺畅的地方。如果有，不断地在那个

位置重复动作，直到眼睛能顺畅地由一个位置转至另一个位置。

3.眼睛跟随大拇指以三种方式转动后，结束前快速地将手指往下拉到低于肩膀的位置（平常惯用右手的人移到左下方，惯用左手的人移到右下方），想象将这个限制性信念甩出运行的轨道，并跟它说"再见"。

4.与自己待一会，感受此时自己内在的感受。

5.甩掉了旧信念后，我们就可以开始创造一个新信念。如我是一个勇敢的人，我可以胜任这项任务；我有能力做到在全体老师面前发言……（良好的信念要用正面表述，即表达要什么而不是不要什么，同时在理解层次上要高于旧信念。）

6.想象将这个限制性信念放在了自己的大拇指的指甲盖上，运用上述三种移动方式来巩固这个新信念。结束前将大拇指朝着自己的眉心或者胸口按下，想象这个新信念迅速地融入了自己的身体里。

结　语

电影《美丽人生》中的父亲深知，凭自己的力量无法让自己和儿子安全地离开集中营，当然也不可能摧毁集中营，把法西斯赶走。难能可贵的是，他能用积极乐观的心态去面对灾难和厄运，虽身陷囹圄，但儿子周围的世界却因此而变得不一样了，儿子的人生也因此而发生改变。

是的，世界上的许多事我们都无法改变。记得肖川教授在他的《教师的幸福人生与专业成长》一书中写道：教师作为自身职业生活的主体，自然也应该成为创造自身职业幸福感的主体。所以，即使外在的客观条件我们无力改变，但教师依然可以做一名幸福的教师。因为，我们可以从改变自己开始。

本章从人的情绪和信念入手，与老师们一起探索自己的内在冰山，同时打开了教练型班主任的教练工具箱。提出的 5 个调节情绪工具和 7 个转变信念工具，这些工具操作简单、见效快，为我们调整心态提供了更多的方法和选择，使我们更好地为自己负责任。老师们在任何时候有需要，可随时提取，按需搭配地使用。

事实上，这些工具不仅能用于调节自己的心态，当我们能娴熟运用后，也可以尝试将它们运用到学生及他人的心态调整中，使我们成为别人的心态教练。

教练型班主任每周分享摘录

- 以往遇到学生的不良行为，我会马上"噼里啪啦"地批评。现在我还会这样，但会能很快地觉察并习惯性地问自己：我看到学生的内心了吗？共情了吗？用词客观吗？练习觉察、习惯自省，让我越来越从容。（明德中学李建平老师）

- 我相信，一切的发生，都是因我而生，又是为我而来。用感恩的心去汲取当中的启示和能量，我为自己正在成长感到无比喜悦！（颜乐天纪念中学柯静苹老师）

- 我在学习中成长。渐渐地，不会再因一小片雾霾，就看不见大片的蓝天；不会再因一小滩污垢，就看不见清澈的湖水。（广铁五小廖国婷老师）

附　录

案例：

一个周五下午，班长来报告：两个男孩子打起来了！在去往班里的路上，我听班长讲了事情的大概，原来是小航把浩浩的作业本碰到地上，但既没有捡起来也没有道歉。于是浩浩咬了小航的胳膊，直咬得流出了血，牙印很深。

浩浩是个虎头虎脑的孩子，他性格坚强，不轻易放弃认定的事。同时他也容易动怒和发脾气，不易认错，攻击性也强。在入学后时常和同学发生冲突，打架的情况也发生过几次，有时因为不肯认错被许多同学批评、围攻。

到了班上后，受伤的孩子已经被送去卫生室了，浩浩被同学拉到我跟前，孩子们七嘴八舌地揭发他："他把小航咬出血了""他还不肯道歉"……浩浩情绪激动，小胸脯一起一伏的，满脸通红。

这个场面让我想起工作后接手的第二个班——二年级（4）班。班上有个孩子叫小宇，当时也发生了类似的事情，那时除了正在气头上的他，还有一个同样被气着的我。

是重复过去的方法，带着情绪，对孩子喋喋不休地说教，然后得到旧的结果吗？

我想起了李中莹老师在亲子讲座中讲到的处理孩子负面情绪的技巧，那就是：第一步接受孩子的情绪，第二步先处理孩子的情绪再处理事情。

我试着站在孩子的角度去分享他的感受。我拉着浩浩，说："我看到你在发怒，一定有事令你生气。"孩子抬起头，看着我，大声说："是他先碰掉了我的作业本。"我知道他有很强的负面情绪，我要先处理他的负面情绪，再来处理这件事情。因此，我要让他先说出自己现在的感受："怪不得你会有这样的反应！你现在心里觉得怎样？"孩子说："我的作业本被弄脏了，我生气！""仅仅是生气吗？""还有气愤，气死了，他平时还常常挤我，让我站不起来……"孩子越说越大声。

看着孩子激动的样子，是否让他回教室待着，气消了再来谈呢？

这个孩子本来就没有得到合适的引导，他正经受着气愤和被指责带来的痛苦，而且不知如何是好，如果现在再遭到冷处理，这个愤怒的孩子会变得有侵略性，会用行动或言语伤害别人。

我想起了和女儿玩过的一种游戏，是蒙台梭利教育中的一种静寂游戏，也许能让他平静下来。

我把他带到安静的楼梯口坐下，看着他说："现在我们安静下来，我们变成了一块石头，我的头不动了，我的眼睛放松了，我的嘴巴关上了，我的肩放平了，我的身子静下来了，我的呼吸也变轻了。我像一块石头。"

我的声音越来越轻，孩子的表情越来越放松了。

我再让他说自己的感受，他的说话速度和音量都明显舒缓了，接着把事情的细节都说出来了。

等到放学后，我们又一起商量了解决的方法："为了避免和同学发生冲突，你可以想出多少个办法？"最后，孩子自己想出了几个避免冲突发生的办法。我们约定，如果事情无法避免地发生了，努力运用下面这些方法：(1)先深呼吸，数到十；(2)发生无法接受和原谅的事情时，先让别人道歉；(3)如果得不到道歉，说出自己的感受；(4)尽量用小嘴巴解决问题。

在以后的日子里，他与同伴发生冲突的情况减少了。有一次，我看到了这样一幕：浩浩又与同学发生了冲突，他的小脸红透了，他大声说："我的脚很痛！好像要断掉了！我的脚肯定被踩扁了，好痛好痛……"听到这里，我知道事情在可控的范围里，他一定不会以牙还牙了，因为孩子已经把感受说出来了，他的负面情绪已经消减了，他一定有能力解决这次冲突。

引导孩子的负面情绪是一个恒久的过程，这当中潜藏着许多童年的秘密。孩童时代的生活与成人后的幸福是紧密相关的。儿童会承担我们所有的错误，那些因我们的错误而酿成的后果在孩子身上无法磨灭，我们会离开、死去，但那些后果将跟随孩子一生。作为教师，我们还需要不断地发现孩子成长中的秘密，找到对策，以此为乐，引以为荣。

在教育理念上，教师应该树立正确的教育理念，重视学生的负面情绪及其正面价值；在内容上，改变和重建孩子的信念系统，就可以改变事情带给他的负面情绪，并使其学会如何面对、转化、运用负面情绪；在方法上，先处理情绪再处理事情，经由接受、分享、肯定和策划四个步骤引导学生正确对待自己的负面情绪。相信教师在真正做到这些，为儿童的利益付出孜孜不倦的努力的同时，也将使自己获益匪浅，与孩子们共同拥有成功快乐的人生。

——广州市白云区景泰小学　蔡洁华

班主任都拥有巨大的力量：你应对的方式决定教室的气氛；你的情绪左右着孩子学习的氛围；你的回应能伤害孩子，也能治愈他们，决定危机是升级恶化，还是逐步化解。总之，把着眼点放在自己身上，让自己的变化引起学生和家长的变化。

案例：买书事件

一天下午，梓童妈妈抱着一叠书，怒气冲冲地找到我，并指责我：你们学校不该让这书店来卖书……我静静地聆听着，努力避免被家长的负面情绪所传染。但慢慢地，我觉察到，自己愤怒了：我只是把买书的事情告知了家长和学生，而无权决定书店是否可以卖书。我没有做错。你凭什么来指责我。倘若我理直气壮地与家长论理，虽然会在道理上压倒家长，但事情不仅难以解决，反而会激化家校之间的矛盾，直接影响教育的效果。要让一个成年人承认错误是很难的，他们心中如不释怀，以后就会对班主任工作不予配合，难受的岂止是家长。我要的是解决问题，我相信，效果比道理更重要。

我要接纳自己的情绪，同时接纳家长的表现。现在要做的是把焦点放在解决问题上。于是，我深深地吸了几口气，调整了自己的情绪，安慰自己："我深深地、完全地爱和接受我自己。谢谢你（情绪）提醒我，支持我。你没有错，家长也没有错。只是现在暂时出现了误会，我们要共同解决它。"此时此刻，我的情绪已经慢慢地平复了，于是对家长说，请把事情详细地说一说，看问题出在什么地方？家长把事情的来龙去脉大致地说了一遍。原来，这位妈妈不同意女儿买这些书，女儿却偷偷地拿走了妈妈的130元，成功地买回她渴望的书。现在妈妈非常生气。弄明白了事情的前因后果，我于是与家长进行了以下沟通：

我：你能及时向老师反映孩子的情况，说明你非常重视孩子的教育，期待孩子成为优秀的人。（我肯定了家长爱孩子的态度）

家长：（脸色稍微舒缓了，点了点头）我是很重视孩子的教育的。

我：你希望孩子以后成为一个怎样的人？

家长：（略微思考了一下）我希望孩子学习好、品德好。

我：怎样才能让孩子做到学习好、品德好？

家长：上课认真，爱学习，成绩好；不偷钱。

我：你的女儿想尽办法买书，说明她爱书，爱学习，她的学习成绩就比上学期提高了很多。另外，她偷拿钱的动机是为了买书看，而不是做坏事。

家长：（有了笑容）她买了书，却不看呀。另外，偷钱也不算是好事吧？

我：今天没看，不等于明天、后天不看。人是变化的。我觉得我们要做的是，先肯定她爱书、爱学习这个优点，然后引导她怎样有效阅读以及怎样正确用钱。

家长：我的女儿上了二年级后，经常偷偷地拿我的钱去买玩具，买零食。道理讲了，打也打过，骂也骂过，可她就是不改。

我：重复旧的方法，只能得到旧有的效果。要有效果，必须至少想三个方法。（家长开始微笑着聆听我的讲话）

我：当孩子出现问题时，我们要聆听孩子的心声，了解孩子行为背后的正面动机，找到问题产生的真正根源。著名的家庭治疗师萨提亚说："孩子没有问题，若有问题，一定是父母的问题。"孩子的行为是由周围的环境塑造而成的。我们看看哪里出现了纰漏？

家长：可是，她居然偷偷拿了我一百多块钱。这不是学坏了吗？

我：你放钱的地方，让孩子很容易就能拿到钱，是吗？

家长：是呀。在抽屉里，没上锁，很容易拿。

我：第一，钱没放好，容易引诱孩子犯错（孩子仅有7岁，自控能力极弱）。第二，三番五次被孩子拿走了钱，也没能转移放钱的地方或者上锁，没有提高相应的警惕性。第三，没有从小教会孩子正确地使用钱……回到买书这件事上，卖书的人昨天已经走了。我没有办法帮你退书，很抱歉！我的工作做得不够细。

家长：（不好意思地笑了）书不退了。你不是有个家庭作业：每天都要至少阅读一个故事吗？正好用得上。

我：那好吧。明天我一定找你的女儿好好沟通一下，了解她的想法，引导她用钱和阅读。

家长：老师，真的谢谢你。（家长终于满意地走了，还带上了书）

事物是多角度的，同一件事情，从不同的角度去观察，存在不同的意义。你给事物所定的框，会影响你的信念。当家长指责我时，我差点认同了家长的情绪，觉察到自己的工作没被认可，而投射到家长身上，感到委屈、难过。处理情绪的方法是：看到它，接纳它，看它要告诉你什么。当我把思维框定在"家长和我是一同来解决问题的"时，情绪就由愤怒变为平静了。视角变了，框就变了；信念变了，思维也随之改变，最后行为也会改变，朝着你希望的方向发展。

与家长沟通时，先认真聆听，别急着发表意见。从事件中，找出自己和对方都可以肯定的地方，缓和情绪。情绪平静了，思维也变得理性了。继而，用定框法，询问家长想要什么（希望孩子成为怎样的人），当我们的焦点放在结果框架上时，这个时候的关注点是在未来，我们思考的是：怎样做才能得到她想要的，从而找出可利用的资源。把关注点放在结果上，我们的潜能就会为结果而努力。

"你生命中经历的所有事件，都是由你过去的思想和信念造成的。""重要的是此时此刻你选择什么思想、选择什么信念、说什么话，因为你现在的思想和语言将创建你的未来。"在班主任工作中，我们为了达到理想的教育教学效果，就应学会将教练型班主任基本信念作为信念审查的依据，学会从不同的角度重新看待和分析困惑。面对困惑，我们要善用教练式语言模式（提问模式），顺利地与家长、学生进行有效的沟通，让他们愿意听，听得进，做得到，达到三赢：我好，你好，大家好。

——广州市白云区南园小学　朱连有

Part3

成为学生的成长教练

导　语

《列子·黄帝》中记载了这样一个故事：

战国末期，宋国国君宋康王生性暴戾，非常迷信武力。他的手下有个叫作惠盎的谋臣，想用仁义之道进谏宋康王。宋康王见他是个儒生，便大笑道："我所喜欢的是勇敢有力的人，不喜欢书生。你有什么要对我说的呢？"

惠盎说："我有一种办法，可以让那些人刺不入、击不中您，大王，您想知道这种办法吗？"宋康王说："好，这是我想听到的。"

惠盎说："刺不入也击不中虽然好，但有人敢于刺和击，您毕竟还是受到了侮辱。我还有一种办法，使得那些人不敢刺也不敢击，大王您想知道这种办法吗？"宋康王说："好，这是我想知道的。"

惠盎说："那些人虽然不敢刺也不敢击您，但是不等于没有这样的想法。我还有更好的办法，使得所有人根本不想刺也不想击您，大王您想知道这种办法吗？"宋康王说："好，这是我所希望的。"

惠盎说："那些人虽然没有刺和击您的想法，但不见得就对您忠心。我有一种更好的办法，使天下的人都爱戴您，这种办法比武力更高一筹，是四种办法中最好的办法了，难道大王您就不想知道吗？"宋康王说："这种办法好啊，正是我想得到的。"

惠盎说："孔丘和墨翟的仁义道德就是这样的办法。他们没有国土，却像君王一样被尊重；没有官职，却像长官一样被敬重。天下的人无不翘首企盼他们平安顺利。现在大王您是拥有万乘兵车的国主，如果你确实有行孔、墨主张的意愿，那全国都会得到您的恩惠了，百姓对您的爱戴会远远超过孔、墨二人了。"宋康王听了无言以对，感叹道："这个人真是善辩啊！我真是被他说服了。"

佩服惠盎"善辩"的同时，我们不禁要问：

惠盎是如何完成这个"不可能的任务"的呢?

我们能否从中有所学习，成为学生成长道路上的重要他人呢?

我如何说，学生才接受？

良好的沟通助推学生成长

身处快速发展的社会，人与人之间的关系越来越依赖相互的沟通，因为有效的沟通能让人感到被理解和被接纳，并让爱的情感流动起来，给人带来满足感和幸福感，给予我们面对纷繁社会的力量和勇气。

沟通能力的重要性之于教师，正如骏马的重要性之于骑士。教育部《中小学班主任工作规定》中也明确指出，班主任应"采取多种方式与学生沟通，有针对性地进行思想道德教育，促进学生德智体美全面发展。"几年前，我本人所做的一项关于优秀班主任胜任特征的研究也显示，良好的沟通能力是将优秀班主任和普通班主任区分开来的重要特征之一。

沟通也是教练最重要的能力。教练通过有方向性的沟通策略和结构化的语言模式，帮助被教练者洞察自己的现状、厘清目标、发掘潜能。用罗伯特·迪尔茨的话来说，即：沟通中的语言运用是具有魔力的，可以瞬间与他人建立亲和力，可以在谈笑间转变一个人的信念，可以快速调整一个人的状态。可以说，教练工作的有效开展，离不开语言的有效使用。

做学生的成长教练，是教练型班主任非常重要的工作之一。班主任若能用好语言工具，就能与学生建立良好的沟通关系，帮助学生创设愿景、迁善心态、厘清目标、调整状态，助推学生不断超越自己，获得成长。

事实上，在传统的教育教学中，师生的沟通状态是怎样的呢？这让我想起这样一个故事：

一个人很爱他的宠物狗，常常会购买昂贵的食物来饲养它。他听说深海鱼油对狗的发育很有帮助，于是就去买来喂他的狗。他每次都把狗抓来，用双膝夹紧狗头，强迫它张大嘴巴，然后对准它的喉咙直灌鱼油。狗使劲地挣扎，鱼油被打翻在地。他非常的生气，丢下狗自己一个人跑出去散心。当他回到家时，看到狗正在津津有味地舔食地上的鱼油。此时他突然发现，其实狗所反抗的并不是鱼油，而是他喂食的方法。

目前，很多教师采用的沟通方式会不会也像狗的主人喂狗吃鱼油一样呢？

这样的方式是否有助于学生的成长呢？

怎样才算是有效的沟通呢？

有效的沟通是双向的

新加坡电影《小孩不笨2》开场时，孩子说出了对大人沟通方式的真实感受：

大人经常以为，和我们说很多话就是沟通了。其实他们都是自己讲，自己爽。而我们通常都是假装在听，然后一边进，另一边出。我们到底有没有听进去，他们不管，只要他们有讲就好了。……大人说了那么多话，为什么不明白，多了就很难消化的道理呢？……有时候我们真想把话说清楚一点，……说什么都要被骂，所以我们慢慢地就变成哑巴了。

成人总是打着"爱"的旗号，美其名曰"都是为了你好"，做着伤害孩子的事。受到伤害，孩子自然会产生抗拒和防卫。时间长了，孩子的心逐渐封闭起来，沟通就变得越来越表面、越来越艰难。难怪老师们会抱怨，无论怎样苦口婆心地谈，学生就是一言不发。

在《辞海》里，沟通原意是指开沟使两水相通，后来引申为使彼此相通。可见，人与人之间的沟通，应该是双向的，是一方有效地表达自己的信息后，另一方对那份信息作出回应。当这个回应是前者所期望的，我们就可以说，这是有效的沟通。

这里包含三个层面的信息：

沟通是双方的事。有效的沟通是双方共同参与的、共赢的关系。师生间的沟通如果只是老师一方在"使劲"，学生没有回应，或者根本没有听到、接收到，也只是"沟"了而没有"通"，说得再有理也是徒劳无功的。

沟通的效果取决于对方的回应。沟通过程中，如果学生作出了回应，但这个回应比较消极，不是你所期望的，如学生不理睬或作出了反抗，这样的沟通也可以说是没有意义的，因为它没有达到你预期的效果。这个时候，你就需要检讨和改变自己的沟通方式了，因为世上没有无法沟通的学生，只有不善变通的老师。有时候，学生不一定会全盘接受我们的意见，但是愿意提出自己的意见与我们进行讨论，这是比较正面积极的回应，我们可以此为基础，进一步沟通以达到更好的效果。

有效果比有道理更重要。这也是教练型班主任的基本信念之一。很多班主任面对学生的问题，内心都有很多的评判：这件事应该是这样的而不应该是那样的，学生应该是这样表现的而不应该是那样的，这样做会有什么好处，否则又会得到什么惩罚……讲道理似乎成为了班主任的主要技能和主要工作。很多班主任更会利用班会课、自习课、早读等各种时间来讲道理。但我们也会发现，我们常常会因为相同或不同的事件而在重复同样的道理，工作也似乎进展不大。可见，强调自己多么有道理毫无意义，沟通能够取得效果才是最重要的。

影响沟通效果的因素

2010 年 8 月 23 日，一辆装载 22 名香港乘客的旅游车在菲律宾马尼拉市中心基里诺大看台附近被菲律宾前警察罗兰多·门多萨劫持。晚 7 时 40 分左右，菲律宾警方实施了突击解救行动，结果劫匪被击毙，香港游客中 8 人死亡，6 人受伤。事后，菲律宾总统阿基诺三世亲临现场进行了视察，还召开了记者会。他说，发生了这样的事件，我感到非常遗憾！同时表示将对一切细节展开彻底调查（见图 3-1）。

图 3-1　菲律宾总统阿基诺三世召开记者会（来源：新华网）

阿基诺的言论是否对事件起到积极的作用，我们不得而知。但他在新闻发布会上和视察中面露笑容的行为，却引发了整个华人世界乃至全球各地的人们的质疑和愤慨。这也引起了我极大好奇，为什么大家对阿基诺如此的反感？是什么因素在影响着他与人们之间的沟通效果呢？我们可以从中学习到什么呢？

关于影响沟通效果的因素，美国著名心理学家艾伯特·赫拉别恩（Albert Mehrabian）曾提出过一个公式：

信息交流的效果=7%的文字内容+38%的语调语速+55%的身体语言。（见图 3-2）

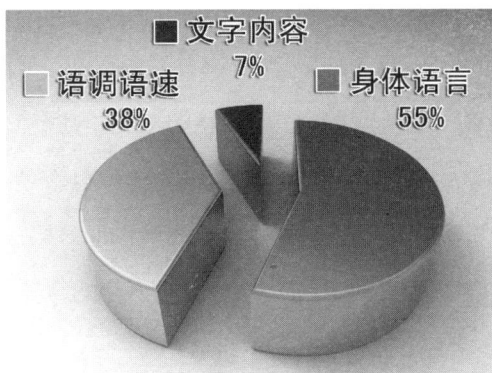

图 3-2 影响沟通效果的三个因素

其中，文字内容就是说话用词的内容，语音语调包括了说话声音的高低、强弱、粗细、快慢及各种语气，身体语言则包括了面部表情、头与身躯的姿势、手势等。

作为教师，我们往往很在意自己的遣词用句。在什么场合，说什么话，都会字斟句酌。其实将沟通仅限于文字有极大的限制性。例如，"张老师，你好"这五个字，从文字上理解只有一种意义，就是向张老师问好。但如果用上不同的语音语调来说，可能会使人感到尊敬、冷漠、不高兴或鄙视等各种不同的效果。由此可见，语音语调的配合十分重要。

身体语言所能够做到的，比语音语调又高了一级。试想一下，一位科任老师走过来对你说："你们班的小刘同学今天没来上课，我们需要了解一下情况。"请你想象他说了两次，两次的语音语调一样，文字也一样。

但第一次他的面部有笑容，双手伸出，掌心向上，手指张开；第二次他的面部有点紧张，双手也是伸出的，但紧握成拳头。感受一下，你分别接收到了一些什么信息？

文字内容、语音语调和身体语言都是影响沟通效果的因素，当文字内容与语音语调或身体语言不配合时，语音语调或身体语言所传递的信息，将会主导整个沟通的效果。尤其是身体语言，传递信息的速度最快、信息量最大、最直接。由此，我们可以获得这样的信息：**怎样说要比说什么更重要！**

现在回过头来，再看菲律宾总统阿基诺三世的例子，你能说出他的问题出在哪里了吗？

下面这个练习可以让我们深刻体会到影响沟通效果三因素的关系：

请用不同的身体语言和语音语调来讲述下面的每一句话，让你的小伙伴猜猜你要表达的真正意图。

1. 你好吗

2. 今天天气真好

3. 你真聪明

建立亲和关系工具箱

"我们都需要勇气""随风奔跑自由是方向""最初的梦想绝对会到达"……近两年，可口可乐公司推出了极具创意的歌词瓶，受到了年轻朋友们的追捧。不得不赞叹可口可乐公司的营销人员确实是沟通的高手！他们利用感性的歌词，成功地在消费者的心目中创造出一种唯你懂我、相知相伴的效果，建立起一种心理上的亲和关系，使产品与消费者紧密连接在一起，成为不可分割的整体。

所谓亲和关系，我认为就是人与人相处时相互感受到的一种亲密、和谐的互动关系。它能使双方产生安全感，从而放下心中的防御，以开放的心态接受外在的事物。可见，亲和关系是建立良好人际关系的先决条件，是无障碍沟通的基础和前提。

也许你还是会觉得这个东西捉摸不定、难以理解。实际上，亲和力一直是我们的一种经验，当我们有意愿的时候，我们就会在不知不觉中运用这个能力和我们周围的人建立亲和关系，而且还会做得很好。例如，如果成人想跟可爱的孩子交流时，他们一定会主动地弯下腰或蹲下身子，有意地保持与孩子相似的高度，还会模仿孩子说话用词的方式，奶声奶气地说话。回想我们自己的人际关系，那些我们会与之做朋友，能够很诚实地与之相处的人，多半是在某些方面和我们很相似的人。

我们也会被那些喜欢我们所喜欢，以及行为方式与我们相同的人所吸引。正如诗句所说：酒逢知己千杯少，话不投机半句多。如果男孩想追求某个女孩，一定会亦步亦趋、投其所好，以期获得对方的青睐。在我的培训课堂上，也常常有互不相识的学员最后成为了很要好的朋友的例子。如肖老师和叶老师，她们在参与一个讨论话题的时候发现彼此的观点很一致，交谈起来很愉快，进一步沟通发现彼此的兴趣和爱好都很接近，很快她们就成为了无话不说的好朋友。两位老师在观点、兴趣和爱好上的一致性，使他们相互间感受到和谐和亲密，进而建立起亲和的关系。

运用自身的亲和力，与他人建立亲和关系，是我们生命中最重要和最宝贵的一种经验和能力。在一段关系中，展现自己的亲和力，促进沟通的顺利展开，也是教练型班主任有别于普通班主任的主要能力之一。因此，在与学生、家长和同事互动的过程中，我们可以通过主动地创造出与他人的相似性和协作的效果，快速地与对方建立亲和关系，提高沟通的有效性，提升自己的影响力。

心理空间位置法

邓老师接到班长的报告，急匆匆地赶到课室。只见课室里面一片凌乱，教科书、作业本撒了一地。小刚正站在一张课桌上，挥舞着扫把。小翔则坐在地板上，一只手擦着眼泪，一只手捂着小腿。邓老师赶紧走到小刚面前，指着小刚严肃地喊道："马上放下来！小刚，这是怎么回事？"没想到，小刚更加激动起来，用力将扫把扔向小翔，大喊一声，也哭了起来……

事后，邓老师反思自己的处理方式，总感觉不太妥当，不仅没有很好地平复小刚的情绪，反而引发了他对老师的抵触，老师再说什么他都听不进去了，这增加了处理事情的难度。邓老师感觉自己应该跟小刚好好谈谈，但应该怎样谈呢？有什么方法能与其最快建立亲和关系呢？

罗伯特·迪尔茨先生在《从教练到唤醒者》中，给我们提供了一个从营造心理环境角度，与工作对象建立亲和关系的工具——心理空间位置。所谓心理空间位置，是指空间位置的安排和相互关系对人们心理活动及关系所造成的影响。罗伯特·迪尔茨先生认为，在沟通过程中，双方的空间位置对沟通进程和相互关系具有至关重要的非言语影响。

相信班主任都有与学生谈话的经验，现在我们就可以创设一个平常最常见的谈话场景。我想邀请你把自己想象成上例中的小刚，来到邓老师的办公室，因为老师要与你谈谈刚才发生的事情。下面，我们一起来感受师生之间的不同位置对谈话效果的影响。

第一种位置：你们面对面站着（如图3-3），谈话开始。

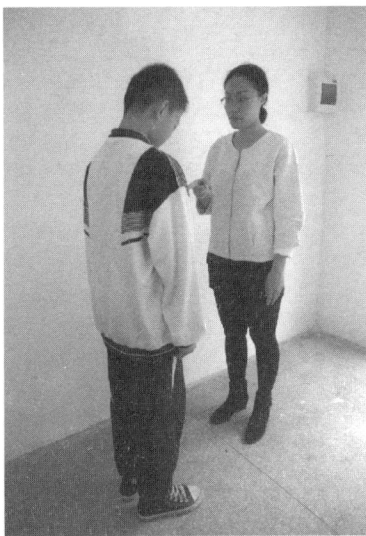

图3-3 对立关系

邓老师两眼直视着你的眼睛，伸出手指轻轻地指着你，问："小刚，刚才在教室里发生的是怎么一回事啊？"

这时你觉察一下，身体会有什么感觉？你的视线是否想要移开？身体是否也觉得不舒服，想移动一下？或者，你还会突然升起一股"无名火"，内心变得很烦躁。你也许想找些理由来反驳，也许会低下头以沉默来表示你的不满，总之你就是想做点什么来释放内心的烦躁不安。

这种感觉从何而来？师生之间面对面的交谈位置，可能会产生强烈的相互作用，而且这种相互作用会直接指向对方，进而使彼此形成一种对立关系。在处理问题的时候，问题往往会直接指向学生本人，给学生造成强大的心理压力，让其感到"我不好，我（这个人）有问题"，从而本能地引发其心理防卫。

第二种位置：你们肩并肩站着（如图3-4）。

图 3-4 伙伴关系

邓老师侧身看着你的眼睛，伸出手指轻轻地指着前方，问："小刚，刚才在教室里发生的是怎么一回事啊？"

这时你觉察一下，身体会有什么感觉？或许你的脑海中就会马上显现出课室里的情景，然后你开始将事情的经过描述出来。你可能会有一些紧张，担心老师是否明白了你说的事情，并且如何看待它。

这个时候，师生之间更像是伙伴，站在同一战线上共同关注一个问题，而这个问题不是自己，是谈话者身外的一个目标。谈论一个共同关注的问题，压力当然大大减轻，人的头脑也变得灵活起来。

第三种位置：邓老师站在你的侧后方（如图3-5）。

图 3-5 支持关系

邓老师一只手轻按着你的后背，一只手轻轻地指着前方，问："小刚，刚才在教室里发生的是怎么一回事啊？"

这时你觉察一下，身体会有什么感觉？或许你的腰会不自觉地直起来，头会抬起来，眼睛看向更远的前方。你会向老师描述当时的情形，但你可能已经很难再次沉浸在已经发生的事件当中。

如果在这时，老师再多问你一句："下次再遇到这样的事，你会怎样做？"你的脑子里很可能就会冒出很多的念头和想法，你在思考新的做法。

师生一前一后的空间位置，让学生有机会独自面对问题，老师成为"退居二线"的支持者和教练，对学生产生一种推动作用。有了老师的支持，学生就更有能力和信心承担起解决问题的责任。

对立关系、伙伴关系和支持关系是班主任与学生谈心时，最常用的三种心理空间位置，没有好坏之分，将之灵活运用于不同的谈话阶段，能营造出舒适、开放的心理氛围，促使谈话获得积极进展。刚见面时，直接关系的位置能将真诚的眼神、关爱的笑容直接传递给对方；进入谈话后，采用伙伴关系的位置，建立平等、合作、对话的氛围；找到问题症结后，教师适时后退，采用支持关系的位置，不着痕迹地将学生推向解决问题的前台。

　　值得注意的是，心理空间位置的运用，还包括一些其他细节：

● 谈话时，不管是站着还是坐着，双方的眼睛应处在相对一致的高度。很多班主任喜欢采用自己坐学生站，或自己站学生坐的位置谈心，这种眼睛高度的不一致会造成心理上的不平等，使谈话双方难以建立亲和关系。因此，师生最好同坐同站，或想办法克服身高差异带来的影响。

● 双方所处的位置应该是能给对方带来安全感的。回想一下，我们乘电梯的时候，当电梯的门开启，我们迈步进入，接下来要做的一个动作是什么？就是转过身来面对电梯门，然后左右挪动一下，找一个舒服安全的位置。安全需要是人类最基本的需要之一，人如果不能在所处的环境中感到安全，就会坐如针毡，紧闭心门。找学生谈话也是一样，最好提供有靠背的椅子，让学生靠墙而坐，给学生踏实、有所依靠的感觉。尽量提供安静、没有他人干扰的场室，让学生能静下心来。学生感到安全了，才会敞开心扉与老师交流。

呼应法

生物物理学家伊扎克·班多夫（Itzhak Bentov）在他的《走在狂荡

的钟摆上》（*Stalking the Wild Pendulum*）一书中，描述了一种自然现象：将不同型号却有相同大小钟摆的钟放在一起，钟摆的摆动频率会逐渐协调并达成一致。自然界中这种为了节省能源而产生同频的原理，同样适用于人际交往中提升亲和力上。

美国心理学家米尔顿·艾瑞克森博士认为，与他人建立亲和关系的秘诀是呼应，即站在别人的立场上沟通、反映他们所知或认为是真实的事，配合他们目前的经验。换句话说，呼应就是设法达成一种与他人的合作状态，或者造成与别人的协调性。

我们知道，语言内容、语调语速和身体语言是影响沟通效果的三个重要因素，因此呼应对方，至少也可以从这三个角度切入。事实证明这样的方法简单易用，效果好。

呼应语言内容法

虽然语言中的文字内容在沟通中影响力最小，但呼应语言内容仍然可以在一定程度上让对方感受到双方间的一致性和亲密感。呼应语言内容主要的做法是，重复对方语言中的关键内容、核心词语，以捕捉对方要表达的重点，达到同频的效果。例如：

美术课上，孩子们正在作画。来回巡视的许老师走到小玲身边，他发现小玲正在左顾右盼，似乎不知该如何下笔，于是许老师蹲了下来。

问：你画的这个是什么？

答：小狗。

问：你画的小狗叫什么名字？

答：小灰灰。

问：你要带小灰灰去哪里玩呢？

答：去公园散步。

问：你们散步时都遇到了些什么？

答：……

许老师通过不断呼应小玲话语中的关键内容，快速自然地与小玲建立起同频的亲和关系，小玲在不经意间就一步一步跟随许老师，完善了自己的画作。

有些时候，对方的遣词用句比较消极，我们首先要给予换框，在不改变对方语义的情况下，将对方的关注点调整到积极正面的方向上，呼应其语言背后的真正含义。如：

我特别讨厌数学老师——你不喜欢数学老师。

我觉得自己很失败——你觉得自己还没有成功。

想让他短期内提升学习成绩是很难的——要让他短期内提升学习成绩不容易。

他这个人出尔反尔——看来他改变主意了。

呼应语调语速法

配合对方说话的速度和音量，能够快速地与对方产生一种情绪上的共鸣，从而有效地提升我们的亲和力。

有一位老师与我分享了他的亲身经历：

一位新生的家长找到了老师，气急败坏地说："老师，我给孩子新买的一块手表，被他班上一个同学抢走了！没想到名校里面竟然也发生了这样的事！真是让我太失望了！我要求学校严肃处理这件事！"

这位老师面带笑容，不紧不慢地说：哦，有这样的事？我们会认真了解情况，如果属实，一定严肃处理。"

但是，家长并不买账，认为学校只是敷衍了事，老师也不是真正在关心学生，更扬言要向媒体爆料。这位老师感到很沮丧，认为自己已经尽量用很好的态度来接待家长，而家长却是这样蛮不讲理。

事情到此，不但没有解决，反而引出了家校之间的矛盾。我给这位老师的建议是：下次家长再来时，一定要留意家长的神情、说话速度和节奏。如果家长很着急、语速快而有力，老师的回应也应该是急切的、快节奏的。

或许有些老师会认为不慌不忙、轻声细语是对家长的基本尊重，是想要解决事情的友好态度。但事实上，在与家长交流的一开始，我们特别需要通过呼应家长的语音语调来对家长的情绪表示接纳。有了这样的同理心作为基础，家长才能放松下来，这时再用解决问题的友好态度来处理，事情就很好解决了。

这个工具在处理一些突发事件的时候特别有用。记得有一次，两位高中男生发生了争执，双方都很激动，音量很大。我试图拉开他们，还不停地劝说他们别吵了，但力量悬殊，一点效果也没有。眼看他们差点就要大打出手了，我马上改变了策略，"啪"的一声拍响了桌子，提高嗓门，斩钉截铁地喊了一句他们都说过的话："对！太不讲义气了！"我的话一出，两个男生都吃了一惊，停下争吵，用好奇的目光看着我。

发生争执，其实就是希望他人认同自己的感受和观点。在这个案例中，我同时呼应了对方的话语内容和语音语调，很快速地制造出一种协作效果，缓解了学生心中的不安，他们的针锋相对状态才有可能被打破。他们安静下来以后，才有可能理性地思考如何解决问题，教师的教育工作才有可能真正地展开。

呼应身体语言法

呼应对方说话时的身体语言，能传递出这样的信息："我和你是相同的，你可以信任我。"让对方感到自己被接受，会促使双方看到问题中更多的共性，建立沟通的亲和关系。当人与人之间处于亲和关系时，他们的肢体语言会自然而然地相互呼应。我们可以留意一下，与好朋友边走边谈时，走着走着，我们的步伐大小、速度都会变得越来越一致，甚至连先迈哪只脚都是一致的。这种同步化的作用，常常是不自觉产生的。如果没有自然产生时，你的身体语言会向别人传递这样的信息："现在，我和你不同。"这种差异可能会直接影响到你的意见或建议是否能被别人接受。这时，我们就需要有意识地进行呼应了。

呼应身体语言可以针对对方的站（坐）姿、手势、头的位置和动作，以及面部表情等方面进行。在呼应的方式上可以选择直接呼应和镜像呼应。

直接呼应法

例如，请学生到办公室谈话，采用同伴关系的空间位置就座，双方的面向一致，这个时候最适合直接呼应对方的动作。

刚开始时，学生可能还有些紧张，直着背坐在椅子上，身体不敢往后靠。这时老师也可以坐直些，身体的倾斜度与学生的保持一致（见图3-6）。

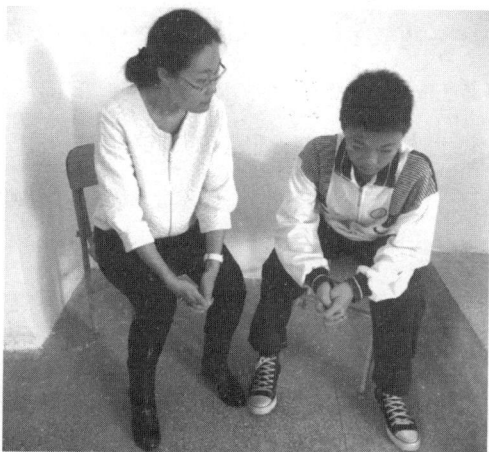

图 3-6 直接呼应法

随着话题的展开，学生慢慢放松下来，身体动作可能会随之多起来。老师可以及时捕捉学生的动作变化，加以配合：学生靠在椅背上，老师也跟着靠在椅背上；学生将左手搭在右手上，老师也跟着将左手搭在右手上；学生双膝并拢，老师也跟着合起双脚……

镜像呼应法

有时候，我们也会与学生面对面谈话，要取得一致性的效果，最好使用镜像呼应法。此法之所以被称为"镜像呼应法"，是因为它就像一面镜子一样反映出对方的身体语言，产生同频的亲和关系。

例如，学生在交谈的过程中双手一直放在膝盖上，老师也摆出同样的姿势进行呼应。其间，学生的右手不经意地抚摸了一下头发，老师则不动声色地举起左手，轻轻托了托眼镜（见图3-7），使两人的身体姿态保持相对的一致。老师灵活地运用身体语言对学生进行呼应，创设出了一个轻松融洽的交谈氛围。

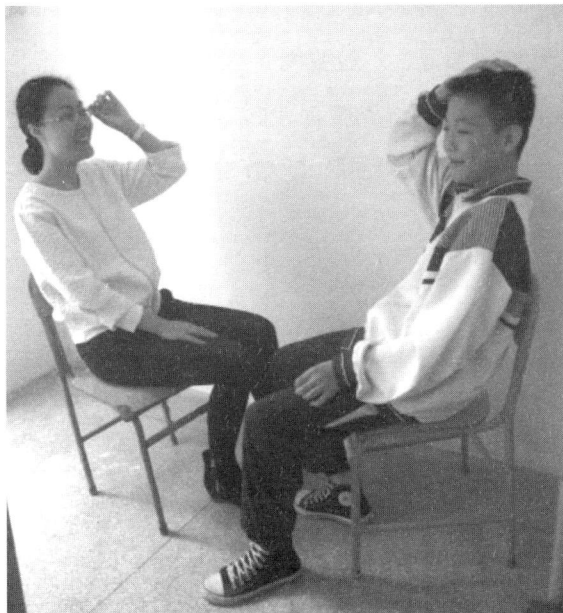

图3-7　镜像呼应法

我曾经接触过一位老师，他与我面对面交谈时将双手交叉抱在胸前，显得很紧张。我一边模仿他的语速，重复他话语中的关键字眼，一边也将双手交叉抱在胸前。很快，他将两手松开，左手插在裤袋中，右手在胸前摆动。我也随之松开两手，右手插在裤袋中，左手在胸前摆动，最后将两只手都释放了，配合他的侃侃而谈在胸前自由地摆动，他脸上也露出了自信的笑容。

值得注意的是，使用任何一种呼应方法都要拿捏好分寸，掌握好原则，运用不当会适得其反，造成对方的反感。有效呼应的原则包括：

- 敏感性原则。沟通中要保持足够的敏感性，留意到对方的身体语言、语音语调和说话内容，但无需深入去研究这些信息的含义，只需加以呼应即可。

- 灵活性原则。呼应过程是很灵活的，当发现一种呼应方法没有很明显的效果时，就要尝试另一种呼应方法。同时，呼应不是机械地模仿，因此无需跟随对方的所有信息，如一些不雅的动作。还要注意呼应的节奏，一般要稍作延迟才作出呼应。

- 共性原则。呼应不是无原则地向对方妥协，遇到分歧，把焦点放在双方的共同点上，对共性的东西进行呼应和强化。

感官叠加法

新学年开始了，文老师接了一个初一新班。在与学生第一次见面的时候，文老师特意准备了这样的开场白：

同学们，欢迎你们来到这个班级。在这之前，也许我们还互不相识，来到新的环境，也许你们还会感到陌生。但现在，我们都坐在了一起，靠得那么近。大家可以环顾四周，看看这个精心布置的教室，看看一个个可爱的脸庞，同时向你的同桌问声好，这是一种多么温馨的感觉啊！想象一下，我们将要在这个温暖的集体中开始我们的新生活了，这不是很让人期待吗？……

人类通过自身的五种感觉器官——视觉、听觉、嗅觉、味觉和触觉，与外部世界相连接，获得的认知和经验传达到大脑中，如缤纷的颜色、抑扬的声音、冷热的感觉、酸甜的味道等。在我们的大脑内部也有相应的内感官，系统地储存外感官获得的认知经验，当我们需要的时候，内感官可以回忆和再现这些经验，如我们可以随时在脑中回想起家人的容貌、回荡起他们的话语、感受到他们给予的力量。

感官叠加法就是应用了人脑中的这一功能，来帮助我们快速与他人建立亲和关系。在谈话中尽量使用描述性的语言，让对方的外感官发挥作用，让对方既看到又听到，还感觉到我们想要他体验到的那个事物，促使对方外感官的体验与其内感官的经验相结合，这样可增加对方对我们的接纳程度，使双方快速建立起亲和关系。

以下是我们课题组陈老师运用感官叠加法在一次家长会上的讲话：

各位家长，大家好！非常欢迎你们的到来。看到大家准时地赶来，看到我们班里座无虚席，我能感觉到家长们对孩子成长的那份关心，也很感谢家长们对我工作的积极配合与支持。在接下来的一个半小时里，我会与大家谈谈我的一些教育理念，大家还会听到几位家长和学生代表分享发生在他们身上的故事。我期盼最后大家能带着更多与孩子相处的有效方法和喜悦的心情回去。下面，就让我们马上开始吧！

引导说服工具箱

新时期的学生主观意识都很强，他们对事物有自己的理解和看法。老师想通过简单直接的说理，使学生接受，进而改变态度、行为，并不是件容易的事。如果这个方法不奏效，我们能否通过运用些新的方法和工具去带领和引导学生，使他们向着师生共同的目标发展呢？下面的几个工具或许能给予班主任一些帮助。

提问法

提问法源于古希腊著名的哲学家苏格拉底，他认为知识并不是由他灌输给人的，而是人们原来已经具有的，因此他把自己比喻为一个"助产婆"，采用提问的方式，在一问一答中，弄清对方的思路，使其自己发现真理，产生新认知。

相信学生已经拥有资源，也是教练型班主任的基本信念，因此我们倡导用提问替代评判来推动学生的自我成长。提问不是为了给学生一个正确的、唯一的答案，因为当我们内心有了一个既定答案时，我们的思想就会受到限制，同时也将学生的思想框定了，学生的成长就无从谈起。提问让老师用好奇的眼光看待呈现的问题，用开放的心态探究问题的核心。同时，提问也能帮助学生对自己有所觉察，进而明晰状态、厘清目标，为自己的成长负责任。

提问可以帮助我们达到以下三个目的：

第一，核对信息。例如，两个学生发生冲突，老师可以通过提问了解一些客观事实，弄清两个学生对冲突的态度和观点等，以中立的态度开展教育工作。

核对信息最常用的问法有：**"你是说……？""你的意思是……？""我刚刚看到（听到）……，是吗？"**等等。

第二，引领方向。例如，有学生在学习上陷入困境，如果总是盯着困难自怨自艾，只会意志消沉，对学习失去信心。这时，老师可以问：**"你不喜欢自己现在的样子，那你想要的是一种怎样的状态？""你觉得现在这个成绩不理想，那你理想的成绩是多少呢？""你希望在期末时自己的学习成绩达到怎样的水平呢？"**通过问这些问题，老师就能带领学生越过困境，先找到目标，建立愿景，然后再来考虑如何实现这个目标。

第三，增加选择。例如，学生总是习惯用拳头来解决问题，老师可以问：**"除了用拳头，还可以用什么方式来表达你的意见呢？"**

如果学生说出了一个新方法，老师可以追问：**"还有吗？"**

即使学生说没有了，老师仍然可以追问：**"如果有的话，会是什么呢？"**

当学生说出了多个方法，老师还可以追问：**"有了这么多方法，下次如果再遇到相同的问题，你会选择用哪一种来应对呢？"**

用这样的方式进行追问，就能帮助学生找到更多的方法，获得更多的选择，从而有能力为自己的行为负责任。

提问法的运用十分灵活，以下两个提问的工具对老师开展教育工作特别有帮助。

冰山历程提问法

当我们看到学生表现出来的行为时，他的内在发生了些什么呢？如果我们通过提问，将学生内在冰山的每个层次都经历一遍，我们会有什么新的发现呢？

敖老师班上的小周不小心踩到了小威的脚，小威一气之下对着小周的鼻子就是一拳，结果弄得小周满脸是血……面对这场"流血"事件，敖老师首先找到小威，下面是他们的对话：

师：小威，是什么样的感受让你挥出了拳头？（问感受）

生：气愤啊！他把我踩得那么痛。

师：看到小周现在这个样子，你有什么感受？（问感受）

生：老师，我很难过。

师：你是怎么想的？（问观点）

生：我很后悔，我不是故意要打他的。我担心他不再和我做好朋友了。

师：所以，你很在意你和他的友谊，是吗？（问期待）

生：当然啦，但我又很担心他生了我的气，不再理我了。

师：既然你这么重视两个人之间的友谊，想想可以做些什么来补救一下？（问行为）

生：我可以向他道歉，我放学时送他回家……

聪明的敖老师在处理这件事的过程中，用了既省力又有效的冰山历程提问法，帮助小威梳理了自己的情绪、观点和期待，当小威明确了自己想要什么时，他就能自己想到解决问题的方法，而不会纠缠在负面情绪和事件中。

另一个案例是这样的：

下课铃打响了，李老师评讲完这次测验的卷子，还在讲台上解答着几个同学的问题，数学科代表小鹏跑到讲台前，带着悲愤的语气跟李老师说："我考得这么差，我不当科代表了。"然后就回座位收拾书包了。李老师查了一下小鹏的成绩，120分的测验他考了103分。这次测验全班平均分有104分，小鹏只排到了班级的中间位置。李老师把小鹏叫到了办公室，下面是他们的对话：

师：我亲爱的科代表，是怎样的心情让你向我辞职了？（问感受）

生：有点生气，他们一下课就跟我说："还课代表呢，考这么差。"

师：我能理解你的感受，谁都不喜欢被人笑话。还有其他感受吗？（问感受）

生：（低下头）有点伤心，我的确考得很差。

师：你确实认为自己很差，不配做科代表吗？（问观点）

生：我平时都能排在前五名的，这次我承认是有点粗心大意了。不过，我不想真的就这样辞职了。

师：那你希望怎样？（问期待）

生：我不会再给他们机会让他们笑话我了，我希望下次考出自己原有的水平。

师：一直以来你的表现大家都有目共睹，你想继续得到大家的认可，证明自己的能力吗？（问渴望）

生：当然！

师：好，那你要怎样做？（问行为）

生：其实测验的题目我都会，但我觉得简单就没去检查。我以后测验要细心一点，不能轻视题目，做完认真检查。老师，我不会再让你失望了，我会好好做你的科代表的。

师：好，一言为定！

值得注意的是，对冰山的每一个层次的问题都可以进行提问，而提问并没有固定的顺序，可以跟随当事人的思路灵活地在各个层面之间游走。

选择引导法

当我们直接地对学生发出指令时，很容易让学生抗拒，如果将指令转变为选择，学生往往更易于接受。因为当我们拥有选择的权利时，我们就会感到有能力，内在的驱动力会变得更强。

曾老师班上有一个叫阿政的学生，不太爱说话，也很少参与活动。新学期，曾老师鼓励班上每个学生都参与到学校的各个社团的活动中，阿政照例没有行动。于是曾老师找来阿政谈心。

师：这个学期你是想过得更开心，还是更无聊？

生：我想更开心。

师：你觉得保持现状，或是作些改变，哪一个能令生活变得更开心？

生：我想有些改变。

师：自己尝试去参加一个社团认识新朋友，或是和你的死党阿民一起去参加一个社团，你觉得哪个对你来说算是一个改变？

生：我想和阿民一起去。

师：很好，祝你在这个学期过得越来越开心。

从上面的案例中我们可以看到，选择引导法是一种既让学生有选择，又对学生有引导的方法。首先它是有明确的方向性的，不管学生如何选择，导向的目标都是一致的。如阿政无论是选择保持现状还是作些改变，目标都是令生活变得更开心，无论是选择自己独自参加一个社团还是和好友参加同一个社团，目标都是要令自己有所改变。其次是在不偏离大方向的前提下，让学生有自主选择的权利和空间。只有让当事人自己选择，他才会真正为自己的选择而负责。

语言归类法

我曾经在培训课上问过学员们一个问题："当你进入这间课室的时候，你最先留意到了什么？"有的学员留意到课室很明亮，有的学员留意到桌椅摆放得很整齐，有的学员留意到讲台上放着一个花瓶，上面插着一支红色的玫瑰花……每个人的关注点都不同。

如果我们只用一个关注点来看待问题，思维就会变得狭隘。如果我们能通过语言引导他人不断变换关注点，就能帮助对方突破思维的局限，获得更全面的信息，看到更多可能性。NLP的研究者们总结出了三个引导我们思维方向的语言归类方式：

上归类：获得的信息更宏观、更抽象，思想的框架更宏大；

下归类：获得的信息更微观、更具体，思想的框架更精细；

横归类：以多种方式对同类经验进行比较，思想的角度更丰富。

例如，小丽的英语成绩非常棒，当我们问"你的英语成绩为什么总是这么棒？"时，她回答"是多读的缘故。"

从这个回答中，我们对"小丽是怎样学好英语的"这个问题能获得的信息还是很有限的，如果运用语言归类工具，就会有不一样的发现：

假如我们想帮助小丽归纳自己行为的意义，可以将她的回答上归类到更宏观的范畴：小丽英语成绩好是因为她懂得运用"多读"这种有效的学习方法，说明小丽很善于学习；

假如我们想帮助小丽进一步具体化她的学习方法，可以将她的回答下归类到更明确的做法：具体是多读什么？是要多读教材中的课文，还是要多读课外的阅读文章？还是两种做法都有呢；

　　假如我们想帮助小丽拓宽学习的方法，可以将她的回答横归类，引导出更多可能：除了"多读"，你常用的有效的学习方法还有哪些？或许她就会想到更多，如多听、多说、多写等。（见图3-8）

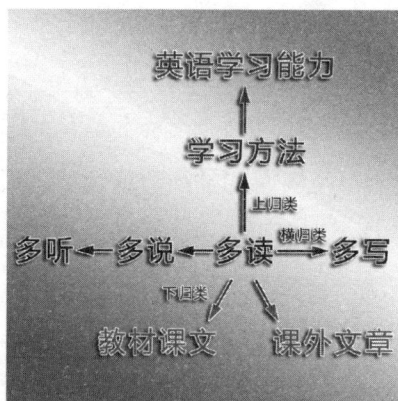

图 3-8　语言归类法

　　借助语言归类法可以帮助学生突破某些个人的思想困境。上归类先肯定学生负面感受中的正面动机，下归类将笼统、抽象的问题具体化、明晰化，横归类推动学生探讨多种解决问题的可能性。归纳起来就是：

　　上归类找正面动机，下归类找具体问题，横归类找多种可能。

　　语言归类法还可以用于解决人与人之间不同观点造成的冲突。上归类可以帮助师生在分歧中找到共同认同的部分，达成共识；下归类有助于帮助师生进一步理清和明晰事件中有分歧的部分，或者不明确的部分具体是什么，找到差异所在；横归类犹如一场头脑风暴，协助师生考虑更多解决问题的方法，看到更多可能性。归纳起来就是这样一句：

　　上归类寻共识，下归类理分歧，横归类找方法。

　　下面是一些学员的师生沟通案例。

案例 1：

徐老师发现课堂后面的板报有些破损，在班上把情况一说，有几个男生马上举手表示愿意进行修补。可是一个星期过去了，还是没有看到他们有什么行动，徐老师为此感到很沮丧。在我的建议下，徐老师找到那几位学生，下面是他们的谈话记录：

师：你们还记得答应过大家的事吗？

生：记得，我们答应过要修补板报的。

师：班级就是我们的家，大家都出点力，我们的家就会很温暖。（上归类）具体怎样修补想过吗？（下归类）

生：我们打算……

师：很好，还有其他的想法吗？（横归类）

生：我们还可以……

师：有这么多的方法，你们可以再商量一下，确定一个最好的方案。然后，你们打算什么时候做？（下归类）

生：我们打算……

案例 2：

生：我最讨厌我妈妈了。

师：你最不喜欢妈妈的是什么？（下归类）

生：我最不喜欢她整天唠唠叨叨的。

师：你不喜欢她唠叨，你喜欢她怎样做？（换框架）

生：其实我喜欢她多听听我的意见。

师：你喜欢她在什么事情上多听听你的意见？（下归类）

生：在我学习的事情上啊！我都这么大了，我有自己的学习方法。

师：你相信自己能管理好自己，我想你的妈妈也是希望你能这样做。（上归类）你有没想过怎样让妈妈明白你的想法呢？（下归类）

生：我要跟她讲讲，把我的想法告诉她。

师：这是一个方法，还有呢？（横归类）

生：我将我每天的学习计划写给她，嗯，我要用好的成绩证明给她看！还有……

案例3：

值日教师：级长，你快去看看，3班正在上自习课，很乱啊！看来要将他们全留下来教育一下才行。

级长：很乱？具体是怎么个乱法？（下归类）

值日教师：我走过教室，听到很吵啊。

级长：很吵，是有多少人在吵？（下归类）

值日教师：还不就是那两个嘛，每次违反纪律，都是他们带的头。

级长：张老师，你很细致啊，留意到了影响问题的关键所在。（上归类）现在我们怎么做会更好些呢？（下归类）

值日教师：我去找那两个学生出来谈谈吧。

级长：嗯，还有吗？（横归类）

值日教师：或者我将这两个学生的名字记下来，转给他们的班主任来处理吧。

级长：嗯，都可以啊，你是值日教师，自己决定怎么处理吧。

案例4：

许老师在运用归类法上更是做了突破性的尝试。为了提高初中生的学习动力，她运用归类法进行主线问题设计，策划了一节主题为"读书使人生更精彩"的班会课，取得了理想效果。许老师在她的教学反思中写道：

在第一环节，我提出问题：读书对我们有些什么好处呢？当有同学提出一个观点后，我不断地提示：还有呢？还有呢？于是新的观点不断出现，通过横向归类，得出读书的多种好处，并将它们逐一记录下来。在第二环节，我继续提出向下归类的问题：为什么你认为读书会有这些好处？具体有什么根据或事例吗？于是同学们纷纷就自己的观点举出具体的事例，让自己的观点更具说服力。在最后环节，我引导学生将事例和观点综合起来向上归类，得出共识：读书使我们的人生更精彩！

反思：将语言归类法应用于班会课，让我的设计思路更清晰，整节课重点突出，气氛融洽。同学们在我的引领下主动参与、思维活跃，提出的观点和事例多姿多彩，让我们从中获得很多的启发和力量。

位置感知法

记得同事给我讲过一个关于小白兔钓鱼的笑话：

第一天，小白兔去钓鱼，一无所获。
第二天，它又去钓鱼，还是如此。
第三天它刚到，一条大鱼从河里跳出来，大叫："你要是再敢用胡萝卜当鱼饵，我就扁死你！"

可爱的小白兔，用自己最喜爱的食物做鱼饵，却不知那并不是鱼儿想要的。每个人都会站在自己的立场上想问题，但只从自己的角度想又会变得片面、狭隘，影响我们对事物的全面理解。师生间、生生间日常的各种冲突，往往都是因为当事人固执于自己的立场，只强调自己的感受和观点，处理问题的时候，如果我们能带领当事人从多个位置看待事情，就能帮助他们跳出自己的框架，获得对事物更全面和透彻的理解，冲突自然迎刃而解。

感知位置法认为对一个事物的理解至少有四个角度：

第一角度：自己。即用自己的观点和信念来看待人、事、物。引导的时候，我们常常问：你认为……你觉得……

第二角度：对方。即将自己想象成冲突或对立的另一方，用对方的观点和信念来看待人、事、物。引导的时候，我们常常问：如果你是他，你会有什么感觉？你会怎样看待这件事？

第三角度：旁观者。即把自己想象成旁观者，回看事件中的自己和对方的关系。引导的时候，我们常常问：当时在场的其他同学会如何看待你们呢？他们会有什么感受呢？

第四角度：系统。即从除了自己、对方和旁观者以外更大群体的角度来看待人、事、物，如班集体、学校、家庭、社会等。通常在这个角度上，我们要追求的是整体平衡，取得三赢效果。引导的时候，我们常常问：这件事的发生对我们的班会产生怎样的影响呢？同学们会有什么感受呢？

以下案例是课题组的敖老师处理两个学生因搞课室卫生而发生争吵的事件：

师：小王，你觉得自己很委屈，那你先说说这是怎么一回事？（第一角度）

王：我和小林一起搞卫生，每次我还没有搞完，他就跑去倒垃圾了。

林：已经快打铃了，我担心午休迟到。因为我的脚受伤了，走得慢。

师：小王，如果你是小林，在有脚伤的情况下被别人指责，你心里好受吗？（第二角度）

王：我会很难受。

师：看到你们吵架，在场的其他同学会怎样？（第三角度）

王：同学会受到影响。

林：影响到同学们午休了。

师：你们作为固定的搭档经常在一起搞卫生，如果你们不能互相理解，那全班的卫生会不会受到影响？

生：会。（第四角度）

师：事情已经发生了，你们打算怎么补救？（第五角度）

生：……

根据实际情况，处理一件事情可以从任何一个角度切入。经过前人的实践和总结，比较省力的方法可能是采用第三角度→第四角度→第二角度→第一角度→第四角度的步骤，可简单概括为：

$$③—④—②—①—④$$

这个工具的使用首先应该是建立在师生间的沟通已经建立起亲和关系的基础上。从旁观者角度到系统角度依次发问，能帮助当事人先放下自己和对方之间的利益争夺，看到更大系统的整体（包含自己和对方在内的）利益，由此再回看对方和自己的利益，使当事人有新的觉察和发现。最后，再次进行系统角度的发问，帮助当事人检验自己新的想法是否符合三赢的原则，从而确定是否可行或需要进一步修正。下面借用聂老师的应用案例来进行说明：

学生 A 和 B 在物理课上打闹，老师回头却只看到 A 在说话，对 A 提出了批评。A 不服气，出言顶撞，于是老师要求 A 暂时离开课堂。A 坚决不从，老师进而表示 A 不离开就暂停讲新课。果然，在接下来的两次课上，老师都没有讲新课，只是就前面的内容进行了复习。一边是值得尊敬的老教师，一边是愤怒的学生，作为班主任，聂老师感觉到要处理好这件事不容易，她决定找 A 好好谈谈。下面是他们谈话的部分内容：

师：在物理课上与老师起了冲突。是吗？

生：嗯。（低下头）

师：你能讲讲当时发生了什么事情吗？

生：……

师：当时你有什么感受？

生：我觉得很委屈。

师：嗯，我能感觉到你的委屈。（表示对学生感受的接纳，建立亲和互信的谈话氛围）

生：嗯。是的。

师：当时在场的同学有什么反应？（第三角度）

生：开始有些同学在笑，后来老师说不讲课了，大家都不敢作声，课室里很安静。

师：你猜，大家为什么都轻松不起来了呢？（第四角度）

生：大家应该是担心学习的进度受影响吧，因为快到期中考了。

师：确实，大家都想拿个好成绩，课程耽误不起啊。你猜，老师的想法是和大家的一样吗？（第二角度）

生：他应该也是想快点讲课吧，所以才叫我出去，不想让我影响上课吧。

师：如果你是物理老师，你想好好上课，而你的学生却这样顶撞你，你会有什么感受呢？（第二角度）

生：很生气吧。

师：还有呢？

生：很气愤。

师：现在你怎样看待自己当时的行为呢？（第一角度）

生：唔，觉得自己当时有些冲动了，没有顾及同学，也让老师下不了台。

师：当你有这样的想法，你有什么感受？（第一角度）

生：（笑）挺后悔的。

师：事情已经发生了，你也不需要太自责。现在能不能想想，接下

来你可以做些什么既能让你自己舒服，又能让老师接受，还有助于同学们学习的呢？（第四角度）

生：我去跟老师道歉，将我的想法告诉他，请他继续给我们上课。

师：好的，有想法就去做，我等你的好消息。同时，我还要恭喜你，经历过这件事情之后，你又长大成熟了。这是你人生中一笔财富，我相信下次遇到同样的问题，你能处理得更好。

生：嗯，谢谢老师。我知道怎么做了。

运用感知位置法，就是要带领学生在各个角度不停地游走，每一个角度都是一次破框，都会给学生带来崭新的体验，帮助学生看到无穷无尽的可能性，最终更好地为第一角度的自己负责任。

同步带领法

同步带领法其实是前面提到的对各种沟通工具的综合运用，它既是一个相对固定的应用模式，又是一个灵活多变的组合。下面先来看一个叫《晏子数罪》的故事：

春秋时期，齐国君主齐景公特别喜欢玩鸟。有一次，他得到了一只漂亮的鸟，便派一个叫烛邹的人去专门管理。可是没过几天，烛邹不慎让鸟飞走了。景公大为恼火，下令杀死他。晏子说："烛邹有三条罪状，请让我一一说明，然后再杀，好让他死个明白。"齐景公同意了。

晏子一本正经地对烛邹说："烛邹！你知罪吗？你为大王管理鸟儿却让它逃走了，这是第一条罪状；你使大王为了一只鸟就要杀人，这是第二条罪状；这事如果传出去，让天下人认为我王只重视小鸟而轻视老百姓的性命，败坏我们大王的名誉，这是第三条罪状。你真是罪该万死！"

说完，晏子请求齐景公马上下令斩杀烛邹。可是齐景公却说："不要杀他了，我接受你的指教了。"

在这个故事中，晏子明明是要进谏却句句顺着齐景公的思路，将其一步步带领到问题的本质，最后使齐景公心甘情愿地不杀烛邹。同步带领法就是这样一种欲擒故纵、借力打力的组合工具，如同最厉害的武功，看似无招却更胜有招。

如何同步

所谓"同步"，就是先在某些方面与对方达成一致，建立亲和关系，消除抗拒，让对方感受到被接纳、被尊重。

在某个事件中，我们可能无法接受对方的行为，但可以接纳对方的情绪感受，肯定对方的正面动机、观点和期望。再者，还可以通过呼应对方的语言内容、语音语调和身体动作来建立亲和关系。下面是一个案例：

有一位学生中考没考出理想成绩，情绪很低落，独自一人躲在外面，不愿意回家。家长在我的指导下通过手机短信与孩子进行了交流：

家长：一直不见你回来，我想你心里一定是很伤心。（核对信息）

学生：妈妈……

家长：看到你这么伤心，我和你爸爸也觉得很难过。（同步感受）

学生：怎么会这样，我这么努力地复习。

家长：这的确出乎意料，我知道你已经尽力了。（呼应对方语言中的关键信息）

学生：我真是很失败。

家长：你希望自己能做得更好一些。（同步期望）

学生：嗯。

如何带领

所谓"带领"，就是运用当事人自己的感知模式去引导他，从提出一些当事人认同或让其无法否认的问题入手，逐步提出一些超出其原有思维框架的新问题。例如，同学之间因为一些小事发生争执，老师可以带领他们跳开眼前的矛盾，看到以前他们是要好的朋友，思考将来是否还想要继续做朋友。如果想继续做朋友的话，可以怎样做？再如，有学生对某学科教师有意见，赌气不好好学，老师可以带领他去看看学习的目的是什么，思考如果赌气不学，损失的会是谁。用问题拓宽对方的思路，让对方从不同的角度重新看待问题，就能将对方带到我们想要他去的方向，使对方真正为自己的行为负责。

同步带领法的运用十分灵活，有时我们可以先同步后带领，有时还可以边同步边带领，不管如何运用，关键是在清晰的目标指引下，保持敏锐的观察力，随时观察对方的状态，调整提问策略，达到我们想要的效果。

下面呈现的是一些学员的案例：

案例1：

顾老师班里的小炎学习成绩一直不错，最近一次考试成绩却明显下滑，为此小炎很沮丧。顾老师希望小炎重拾信心，下面是他们谈话中的一段对话：

师：我知道你爸爸是开工厂的，他会不会碰上很难管理的工人？（核对信息）

生：有啊。有一次……

师：那你爸爸工作时一定很辛苦了？（核对信息）

生：是啊，回到家经常累得不想说话。

师：看来你很能体谅爸爸，一定也希望他开心吧？（同步感受）

生：想啊，爸爸最疼我了，我也要对他好。

师：通常有些什么事情会让爸爸很开心的？（拓宽学生的思想框架）

生：当然是听到老师表扬我，或者我考试拿到好的成绩。

师：确实，我相信在学习上你一直都是爸爸的骄傲。（同步期望）

生：可是，这次考试……

师：你这次考试确实不太理想，能从中总结出什么经验吗？（拓宽学生的思想框架）

生：能！我想主要问题是……

师：找到了问题所在，下次能考得更好，你仍然是爸爸的骄傲，对吧？具体打算怎么做？（带领学生思考解决问题的方法）

生：嗯。我打算……

案例2：

曾老师发现，最近一段时间小健总在上课的时候睡觉，于是与他进行了谈话，下面是其中的一段对话：

师：你晚上一般什么时候睡？（核对信息）

生：12点左右吧。

师：那么晚不睡觉，你在干吗？（核对信息）

生：看电视。

师：什么电视那么吸引你？（核对信息）

生：嗯，是讲破案的电视剧。

师：你喜欢警察破案的故事？（核对信息）

生：嗯。当警察真威风！将来我也想当个会破案的警察。

师：不错啊，有自己的理想。（同步观点）

（生笑）

师：当警察需要懂得犯罪心理等很多方面的知识呢！（拓宽学生的

思想框架）

生：嗯，他们真的很厉害啊！

师：那怎样才能掌握更多的知识？（带领学生思考解决问题的方法）

生：要用心学习。

师：对啦，就是该用心学习，为了自己当警察这个理想。（同步信念）

生：嗯。

师：你喜欢看电视没错，可是因为这样影响了第二天上课，学不到有用的知识，影响到你当警察这个理想，你说值得吗？（带领学生从新的角度思考）

（生笑笑，挠挠头）

师：记得上学期末你的成绩挺不错的，你怎么做到的？（带领学生思考解决问题的方法）

生：你表扬过我上课认真听，爱动脑筋，作业认真的。

师：那么，现在你能像你自己刚才说的那样做吗？（带领学生为自己的行为负责）

生：可以。

案例3：

黄老师班有个学生小邓性子比较急，平时与同学的关系有些紧张。一次上美术课时，邻座的同学不小心将颜料溅到了他的身上，小邓马上大哭大闹起来，还把椅子搬到走廊上，企图踏上椅子跨过三楼的栏杆。黄老师闻讯赶来，运用同步带领法与小邓对话，及时稳住了他的情绪，阻止了事态的进一步发展，下面是他们的对话内容：

师：远远就听到了你的哭声，看到你这个样子，真让我心疼。黄老师现在来了，能不能告诉我发生了什么事？（感官叠加，建立亲和关系）

生：（哭喊着）你帮不了我，你不用管我了！

师：你是我们家儿子的大哥，我怎么能看到你这么伤心都不管呢？（同步感受）

生：（停顿了一下）他们总是欺负我……

师：哦，他们做了什么让你有这样的感觉，能具体说说吗？（带领学生从新的角度思考问题）

生：我的衣服全黑了，他们还把我的衣服弄得满地都是！

师：嗯，没有人愿意被人欺负，我们都希望受到公平的待遇，你也是，我也是！（同步学生的期待和渴望）

生：他们还很贪吃，我没有零食给他们，他们就不愿意和我做朋友。

师：啊？有些人以为有吃的就是朋友，这能算真朋友吗？（同步观点）

生：是啊，所以我也不和他们做朋友！

师：看来你对什么是真正的朋友是很有认识的。同时，你也说出了我们班的一些不良现象，说明你很在意我们这个班集体啊！为了我们班好，你还有其他要告诉老师的吗？我很想听听。（肯定正面动机，带领学生转移关注的焦点）

生：还有很多呢！

师：哦，那可能需要很长的时间，你能和我到办公室坐下来，慢慢讲给我听吗？老师真心希望你能为我们班提点建议。（带领学生逐渐靠近我们想要他去的方向）

生：可以。

师：真是太感谢你了，那我们现在一起去二楼办公室吧。（学生在老师的陪同下，离开了走廊。）

故事隐喻法

小故事，大启发

故事是人类古老的智慧，是人获得成长的天然养分。相信每个人的成长历程中，一定都少不了故事的相伴。而即使是成人，也能从一个短小的故事中获得大启发。在我国，最会讲故事的人莫过于诺贝尔文学奖获得者莫言，他在瑞典学院发表文学演讲时就将自己定义为"讲故事的人"。

故事实际上就是一种高明的沟通工具，说的是别人的事情，却让听者在自身实际情况和故事内容之间找到一定的相似之处，透过这种内在的联结，讲的故事可以唤醒听者深藏的情感，引发其鲜活的思考，让其看到崭新的角度，甚至跨越生活上最艰难繁复的问题。

将故事应用于班主任的工作当中，能避免直白地讲道理，绕开学生的心理防卫，令学生在不知不觉中获得新的发现，促进学生改变。

如何讲出吸引人的故事

由于工作的关系，我常常听到班主任在班会课上讲故事。他们事先将要讲的故事制作成现成的 PPT，既有详细的文字又有丰富的画面，有些还有跌宕起伏的配乐。我很好奇，会不会有更好的方法呢？经过在班主任培训课程上的实践，我更推崇教师运用自己的讲故事方式，具体做法包括：

第一，运用自己的非语言因素。与其他沟通方式一样，要讲出引人入胜的故事，很大程度上依靠教师本人对非语言因素的运用。在关键的词句上改变语音语调，在重要的情节上配合手势和面部表情，无需太多，画龙点睛，听者就能马上捕捉到故事中隐藏的意义了。

第二，大量使用描述性词语。在文字的表述上，尽量多地使用描述性词语，最大程度地刺激听者的感官，可以让听者的左右脑同时运转起来。左脑处理文字、情节，右脑建构故事的画面，这样组成的故事信息才是有意义的，才能引发创意、启迪新思。

第三，抛开既定的故事蓝本。无需拘泥于书本，不是逐字逐句都背下来了、讲到了才是将故事讲好了。重点是要有敏锐的觉察力，时刻留意听者的现场反应，有需要的话，可以重述主要的部分，删减多余的部分，还要善于利用现场的人、事、物等资源，随时修改故事，以达到最佳的效果。

如何编出有教育价值的故事

树林里有一只双头鸟，每天他们都以吃树上的果子为生。左头的动作很快，总能抢先一步吃到果子，右头为此特别生气，总想找办法治治左头。有一天，右头摘了一颗果子送给左头吃，左头吃后身体中毒，双头鸟死了，右头也不能幸免。

这是一个寓意深刻的故事，据说是佛陀在民间传道时给百姓们讲的，为的是让普通百姓明白邻里间唇齿相依的关系，明白应该相互关爱、友善相处的道理。

如果班主任也能学到佛陀的这种方法，就能根据学生的实际，编出适合教育需要的故事，不着痕迹地引导学生成长。那么，我们具体可以怎样做？来自澳大利亚的苏珊·佩罗 (Susan Perrow) 在她的《故事知道怎么办》一书中讲到了创作一个故事的三大结构：隐喻、情节和解决方案。

隐喻。隐喻就是一种比喻，用一种事物暗喻另一种事物。它是故事的重要组成部分，可以帮助听者建立充满想象的联结。在编故事之前，先要做的就是为我们关注的事物建立一个隐喻。如上面这个故事，佛陀将生活在同一个村子的邻里比喻成一只双头鸟，虽有独立的头，却共用一个身体。在班级中，我们或许也可以作这样的隐喻：

一个团结协作的班集体——一支球队、一个蜂巢

爱打架的孩子——两只好斗的獾

学习成绩好，却不爱奉献的学生——拥有七彩鳞片又不愿分享的彩虹鱼。

……

情节。情节是主人公所要经历的一趟旅程。随着故事的推进，主人公总会遇到困难或者受到挑战，曲折的情节能制造出紧张的氛围，将主人公带进不平衡的状态中，再带出来，引发听者无尽的想象。

在上例中，左头和右头因为吃果子的问题发生了矛盾，右头送毒果子给左头吃，将冲突带入了高潮，在听者内心制造出一种失衡的体验。最后，结果显现，冲突得到缓解。

解决方案。虽然解决方案总是出现在最后，但通常我们编故事时却要考虑在先，不然情节的发展就变成无的放矢了。同时，解决方案最终一定是积极正向的，要让失衡的状况恢复和谐。

而预设好的积极正向的解决方案是否一定要在故事的结尾呈现出来呢？这就需要视听者的情况而定了。对于低学段的学生，他们的理解能力有限，我们可能要将解决方案讲得更具体些。如上例，结尾或许可以改成：

……左头吃后身体中毒，双头鸟在死亡的边缘痛苦挣扎。右头非常后悔，挣扎着拖动身体来到河边，拼命地灌下河水。终于剧毒清除了，左头和右头言归于好，幸福地生活在一起。

对于高学段的学生，我们大可不必急于说出解决方案。因为故事虽然结束了，但学生内在的自我对话才刚刚开始，适当的留白，会恰到好处地激发学生内在的自我建构。

我们课题组有一位六年级的班主任，有一段时间，她发现班里学习成绩好的几位同学特别骄傲，不爱帮助同学，影响了整个班级的学习氛围。为此，她编了下面这个叫《美丽的水晶灯》的故事：

从前，有一间漂亮的房子，客厅里悬挂着一盏漂亮的水晶灯。这盏水晶灯由46颗晶莹剔透的水晶组成，小一点的水晶围成了4个同心圆，中间是4颗特别大的水晶，在灯光的映衬下闪闪发光，特别引人注目。来往的客人看见这盏灯都会发出啧啧的赞叹。

夜里，客人们都散去了，水晶们开始交谈起来。小水晶对客人们的赞扬都感到很兴奋，对自己的表现感到很开心。这时，4颗大水晶不高兴了，它们随着风儿用力地摆动起来，发出清脆的响声，打断了小水晶们，骄傲地说："你们高兴什么！这盏灯之所以能这么漂亮，全靠我们4颗大水晶的光芒。没有我们，根本没人在乎你们！"

大水晶们商量好要教训一下小水晶们。

第二天夜里，主人如常地打开水晶灯，发现除了小水晶发出闪闪的光芒，4颗大水晶都像蒙上了厚厚的灰尘，变得非常的暗淡。这多难看啊！主人赶紧将4颗大水晶取下来，放进了盒子里。

就这样，没有了大水晶的水晶灯依然每天亮着，来往的客人看见后仍然会发出啧啧的赞叹。渐渐地，大家也就将4颗大水晶淡忘了。

过了很久，主人在整理盒子的时候，发现了4颗大水晶。经过仔细的清洗，它们被挂上水晶灯，再次发出闪烁的光芒。水晶们终于团聚了，它们随着风儿高兴地摆动起来，发出清脆的响声，像是在述说彼此的思念。

老师们，尝试一下将你想传递的信息编成有趣的故事，让学生体会和理解，帮助他们成长吧。

表扬与批评工具箱

有害的评价

限制了学生成长的批评和表扬

在一节自习课上，班主任列老师巡堂时发现小侠没有像大部分同学那样认真地做作业，于是将他叫出课室，严肃地批评："为什么别人都能抓紧时间认真地学习，而你却在浪费时间？"

小侠解释道："我的笔坏了，写不了。"

列老师继续说道："你就是这么不争气，都初三了，还一点没有紧迫感。你不想学习就回家去，别在这里影响其他同学。"

"走就走！你们就是不喜欢我！"小侠毫不示弱，三步并作两步跑回座位，收拾了书包就回家去了。好几天也不愿回来上学。

事后，列老师告诉我，这样的结果并不是他想要的。当时，他真的很为这个学生着急，恨铁不成钢，只想给他来个激将法。

后来我了解到，这个学生虽然成绩不太理想，但对老师一直都很尊重，也很少有过激的言行。据小侠自己说，小学四年级时因为一次测验成绩太差，被老师批评。老师说了一句"如果不想学就回家去"，让他很受打击。现在，列老师无意中又说到了这句话，无疑是勾起了小侠恐惧、绝望的情绪和无助、无价值的体验。

老师可以批评学生吗？早在 2009 年教育部颁发的《中小学班主任工作规定》中就明确指出，"班主任在日常教育教学管理中，有采取适当方式对学生进行批评教育的权利"。因此，批评不是问题，但如何批评就值得我们研究了。

不恰当的批评无助于学生的成长。首先，当我们总是质问学生"为什么"犯错时，就会引导学生将关注点放在找理由上，这对培养学生解决问题和为自己负责任的能力毫无裨益。更重要的是，我们的批评常常超越了对孩子不当行为的不满，而上升到了对其人格特质的评判。日常生活中，很多老师看似随意的评价，实际上都会给学生作出负面的身份定位，如给没有交作业的学生贴上"懒惰"的标签，将考试成绩不理想的学生定义为"失败的人"，将上课讲话的学生判定为"不爱学习"等等。日积月累，这些话就会让学生的内心形成"我是没有能力、没有价值、没有希望的人"的判断，从而减少了学生进一步成长的可能性。

不恰当批评的危害性是显而易见的，同时不可忽视的是，不恰当的表扬同样会对学生造成伤害。来看看下面这个案例：

小文在四年级的时候参加了学校的象棋兴趣班，感觉很有趣。学习了一个学期，就代表学校参加区里的小学生象棋比赛，获得四年级组的一等奖。老师和家长都很高兴，在同学和亲戚面前夸小文是个"聪明的小棋王"。可是不知道为什么，到了第二个学期，小文在象棋兴趣班的表现每况愈下，连学校的比赛也没能胜出。到了五年级，不管老师和家长怎样鼓励，小文都不愿再上象棋兴趣班了，大家都感到很惋惜。

在后来的谈话中，小文告诉我，每次比赛他都很想赢，担心自己输了就不再是大人们心目中的聪明孩子。但是越是怕输就越是输，这让他感到很沮丧、很愧疚，于是干脆不再下棋，这样大人们就不会那么失望了。

以学生的行为表现为依据，给学生扣上一顶"高帽"，是很多老师在表扬学生的时候常用的方法。在当时，这可能会令学生和教师都感到很愉悦，但从长远来看，这样的表扬至少会引发两种不良的后果。第一，这会使学生对他人的评价产生依赖，阻碍了学生自信心、自我认同感和自我价值感的形成；第二，这还会使一些学生产生焦虑和恐惧的负面情绪，引发更多不当行为。如上例中的小文，他的内在其实并不认同自己真有大人们说的那么聪明，担心总有一天会"露馅"，与其让大人们失望，不如主动放弃。

用回应替代评价

表扬学生也好，批评学生也罢，其实我们都是希望他们能从中获得力量，为自己的成长负责。如果旧有的评价方式不能达到这样的效果，我们可以做怎样的改变呢？

在教练的主要作用中，其中一项被形象地比喻为"镜子"。镜子不能够直接告诉我们穿得美不美，却能让我们看到自己真实的穿着状况，美与不美由我们自己来作出评判。由此，我们可以尝试用回应替代评价，即对学生的行为表现作出比较中立的、非评判性的回复和应答，让学生自己给自己作出评价。

如何回应呢？描述是最有效的方法。我们可以运用前面提到的感官叠加法客观地描述自己看到、听到的事实，描述学生言行带来的直接效果，表达自己的真实感受和想法，无需进一步评价和判断。学生虽未成年，但都是具有独立人格的人，都有一套自己的信念系统和独特的内在冰山，能从他人的回应中建构自我评价。

在进行回应的过程中，以下几种语言模式应该引起注意：

1. 用"我"，不用"你"。 在回应时，用"我"作为主语，传递的是自己的见闻、感受和想法，避免了用"你"字开头可能给学生带来的指责和评判，是对学生的一种尊重和保护，有助于双方亲和关系的建立。例如，"你又迟到了！"与"看到你又没有准时，我感到很失望！"比较起来，前者的"火药味"就明显浓于后者，让听者不由产生抗拒。

2. 问"怎么样"，不问"为什么"。假设同样是迟到问题，如果问"为什么又迟到？"学生就会找出很多的理由，如塞车了、闹钟出问题了、父母忘记叫我了等等，只会将学生带入问题框架之中，对问题的解决毫无帮助。如果问"怎么样才能不再迟到？"则将学生带入效果框架，将学生的关注点引向将来如何做得更好，让其为自己负起责任。

3. 用"同时"，不用"但是"。如果有人对你说："你今天穿得不错，但是发型比较乱。"相信你一定高兴不起来。因为"但是"作为转折性的连接词，如果是放在表扬的后面，会产生前轻后重的感觉，将人的关注点带到转折后面的部分，大大削弱听者对表扬信息的接收。用"同时"，则会令连词两边的内容比重相当，听者接收的信息更为全面。起到类似作用的连接词还有"此外""在此基础上"等等。

感受式回应法

感受式回应法的语言结构分成两部分，前面是事实性的描述，后面是说话者的感受，我们可以简单归纳为：**描述＋感受。**

吴老师发动班上的学生捐书，大家都十分踊跃，图书堆成了一座小山。嘉嘉协助老师用了一节课的时间将图书分类整理，并整齐地摆放到图书角。吴老师看着整齐的图书角说："经过你的细心分拣和整理，我看到整个图书角变得井然有序（描述），让我感到很舒服，我可以想象到同学们来找书一定会很方便，谢谢你（感受）。"

当吴老师对嘉嘉的工作作出了这样的回应后，嘉嘉的内心就会产生这样的想法：老师喜欢我的工作，我所做的事对同学们是有帮助的，我是有价值的。

对学生提出批评同样可以用这种方法：

上课铃响后，邝老师已经在上课了，同学们也很专注地在听课。突然教室的门"嘭"的一声被撞开，小林急匆匆地跑了进来。小林的这一举动瞬间打破了课室的宁静，打断了师生们的思路，大家纷纷议论起来。邝老师停顿了一下，用温柔而坚定的声音说道："刚才的这个突如其来的声音，着实把我吓了一跳，我甚至都忘记了下面要讲什么了（描述），这让我感到气愤和失望，我和同学们都不得不花点时间重新调整一下（感受）。"

邝老师这样回应后，同学们就开始安静下来了，小林也默默地拿出课本，不敢再发出声音了。

在这个案例中，邝老师没有直接质问小林为什么迟到，只是通过描述事实和自己的感受，让小林充分了解到自己的行为对老师和整个班级带来的负面影响，体会到自己与班集体不可分割的关系。由此，小林的内心可能会产生这样的想法：原来我随意的一个行为会给大家带来这么大的影响，我是重要的！这其实是给予了小林为自己行为负责的力量，于是小林马上修正了自己的行为。

三明治回应法

有时候，作为学生的成长教练，我们还需要为他们的成长提出更明确的指引，帮助他们从自己的内部找到更多的资源和力量，这就需要结构更为复杂的回应工具，我们可以尝试三明治回应法。

三明治回应法顾名思义就是包含了三个层次的回应工具，在感受式回应的基础上，中立地提出期望或者帮助当事人理清自己深层的期望，点出能帮助学生达成期望的内在资源，我们可以将其归纳为：**谈感受，提期望，找资源。**

下面是来自小学的何老师的案例：

课间，几个男生正在课室相互打闹，书本和纸片撒了一地。何老师进来看见了，当即制止了他们，并请他们到办公室。何老师说道：

"刚才我看到地板上凌乱的书和纸片，让我感觉很心痛。（谈感受）

书是有用的东西，我更想看到它们放在你们的书桌上，而不是地板上。（提期望）

同时我也看到，事情发生后你们还很有自制力，愿意听从老师的劝告，及时停下来。今后，我们能不能利用好自己这种自制能力来管好自己的行为？"（找资源）

来自高中的徐老师提供了以下这个案例：

小黄是来自贫困地区的寄宿生，生活很节俭，学习和生活用品都很简单、廉价。有一次遇到天气骤冷，大幅降温，同学们都穿上了羽绒服，但小黄还是只穿学校的运动服。同学小刘看到了，就拿出自己穿旧的一件羽绒服给他。没想到他二话不说，将羽绒服丢进了垃圾桶。班主任了解了事情后，分别找到两位学生谈心。下面是徐老师与小黄的对话：

师：大冷天的看到你穿得这么单薄，我觉得很心疼。你将同学给的衣服丢掉，让我感觉到你很生气，当时你是怎么想的？（谈感受）

生：我当然生气！他们都在取笑我！

师：你不希望大家用异样的目光看待你，实际上你是想要什么？（换

框、提期望）

生：嗯，我不想让他们小看我。

师：我感觉到在你愤怒的时候，你浑身都充满了力量。我在想，你有这么强大的力量去拒绝不想要的，能否也将它用于追求想要的？（找资源）

生：（呆住了，没有说话。）

师：除了拒绝别人的施舍，你还可以做些什么来帮助自己获得想要的？

生：（沉思了一段时间）我要努力学习，提高我在班里的排名。我要……

结　语

古有惠盎能言善辩，不直接反驳宋康王，但能从宋康王的角度出发，逐步将其带到自己预想的方向，让宋王在不知不觉中接纳自己的意见，演绎出教练式沟通的精彩范本。新时代的班主任同样需要掌握专业的沟通工具来与学生进行沟通，帮助学生迁善心态、改善关系、厘清目标、创造可能，推动学生获得自主成长。

本章探讨了什么是有效的沟通，以及影响师生沟通效果的因素，提出有效果的沟通比有道理的沟通更重要；同时，开启了教练型班主任有效沟通的工具箱，提出了 6 个建立师生亲和关系的工具、6 个引导说服学生的工具，以及 2 个批评与表扬学生的工具，帮助班主任更好地成为学生的成长教练。

沟通的工具虽各有特点，在使用的过程中若想取得理想效果，往往需要相互搭配、综合运用。而且，这些工具不仅可以被应用在师生的互动中，在与家长、与同事、与任何人的沟通中，都能起到事半功倍的推动作用。积极地尝试，反复地练习，有助于我们打破各种工具的框架，融会贯通，做到无招胜有招。

附　录

1. 说教和批评产生距离和怨恨，有效比有道理重要

大多数老师试图说服学生，喋喋不休地批评说教，想要学生认识到自己的错误。学生有自己的想法，有时他愿意承认错误只不过是想早点结束这啰里啰唆的对话或不用受到惩罚，并不是真正地对这事件有正确的理解。教师只顾着自己"说道理"，而没去"问"，没有关注到学生行为背后的动机，更不能给学生提供解决问题的方法。根据教练型班主任的理论，说道理往往是把焦点放在过去的事上，注重效果则容易把注意力放在未来。

案例1：

事情发生在一天放学后的傍晚，那天早上语文早读读书效果不好，

语文科代表很负责任，说放学后要全班留下来读书。放学之后，科代表组织大家读书，同学们多多少少心里有点不愿意，个别同学没有认真读。有一个男生半天不把书拿出来，科代表批评了他，他反过来骂人。科代表很生气，走到"优秀小组评比"计分栏那里扣分，这个男生的小组长不高兴了，说："这么多人不读书你不扣分，就扣我们小组的？你爱扣就扣吧，扣2分不够，扣4分吧，最好就扣8分，好彩头啊。"接着就扔书砸东西了。后来两个人不知道怎样就推打起来了。

语文科代表委屈地哭了，在几个同学的陪同下来到我办公室，经同学的描述，我大概了解了事情的经过。我还需要找另外一位当事人了解情况，于是，我安慰了她几句语就让她先回家了。

第二天，我找到了另外一位当事人，说："昨天的事情我大概了解了经过，你当时很生气，对吧？"她说："是啊，我觉得很不公平啊，还有其他人没读书，她不扣分，就扣我们小组的分。"我说："你是一个很负责任的组长，也很有集体荣誉观念，不想你们小组被扣分。首先，科代表的注意力集中在这个男生的身上，也许没看到其他人，或者其他人的行为也没有他过分。另外，你自己也是化学科代表，你带读的时候能保证都观察到全班四十几位同学吗？我也很看不惯不公平的事情，但是，世界上没有绝对的公平，警察抓小偷也不可能把全天下的小偷都抓到，只能是看到哪个抓哪个而已。"她点了点头。我问："你现在还生气吗？"她说："没有了，我也有做得不对的地方。"我说："嗯，下次遇到问题知道怎么处理了吧？"她是一个聪明懂事的女孩，只是有时候比较冲动。

接着我找了语文科代表，说："我知道你昨天很难过，现在怎么样了？"她说："没事了。"我问："怎么没事了？"她天真地笑着说："不知道，过了一个晚上就不难过了。"我说："那很好，你很大度，而且昨天的事情我看到了你很负责任，要继续做好科代表工作哦。"她还是很天真地笑着说："我会的。"这么单纯的小孩，我很欣赏她。

处理学生的矛盾，有时候不一定非得搞清楚谁是谁非，接纳了双方的情绪，让大家都了解了问题的所在，解开了彼此的心结，能避免下次发生类似的事情就可以了。有效比有道理更重要。

2. 理解和共鸣，给出指导意见

学生迷茫困惑时，想要有人给他建议，当学生发现他们的感受是正常人经历的一部分时，他们会感到深深的安慰，传达这种安慰最好的办法就是理解他们。当学生表达了对老师消极或不愉快的想法时，我们否定和反对他没有什么帮助，我们能给予的最大的帮助是告诉他，我们不仅理解他的感受，还能给他一点建议。

案例 2：

晚上八点多，接到了一位家长的电话，气冲冲地跟我说他发现女儿"拍拖"了，然后打了她一顿，问我平时几点上课，几点放学，他要规定好小孩的上下学时间，杜绝她与那个男生的交往，并让我好好跟他女儿谈一下。

第二天中午午休的时候，时间比较充裕，我找了这位女生过来聊天。我问她："昨晚发生什么事情了？"她没说两句大颗大颗的眼泪就开始流下来了，一边哭一边跟我说了事情的经过。她说她很难过，我一边递纸巾给她一边听她诉说。她还说到父母很少跟她聊天，每次她在学校有什么事情想跟父母说时，无论她说什么，父母都否定她。很多时候父母都拿她和哥哥进行比较，偷看她的日记，翻她的东西。说了半个小时，她总在说父母不了解她。

我："我知道你现在很难过，你有感情也是正常的，你觉得你父母不了解你，对吗？"

她："可能我也没给我父母机会了解我吧，因为我知道我爸妈的性格，我不想跟他们多说。"

我："从你父母跟我的聊天中，可以看到他们很紧张你，不然的话不会为了你多次跟我打电话。他们不想你受到任何的伤害，想尽一切能力保护你，你能感受到这些吗？"

她："我知道他们关心我，但我不喜欢他们对我的教育方法，我是怎么样也不会'分手'的。"

我知道她是一个倔强的小孩，工作只能慢慢做，我说："你能把你的感情低调处理吗？现在你父母打了你，翻你的东西伤害了你。你过早的感情让父母担心，这也伤害了他们，这是你愿意看到的吗？"

她虽说"不愿意"，但还是坚持认为在这个家没有人了解她。这个问题我一时半刻无法扭转。现在我只能给她明确两个要求：第一，两个人的交往注意尺度，不让家长整天担忧；第二，不要影响学习。她对我的话没怎么上心，最后，我想起之前看到的一段话，问她："你知道水是从上往下流的，那有没有可能水由下往上走呢？"

她说："不可能。"

我跟她说："有一个办法可以，就是水变成水蒸气就可以升上天空了。人不可能轻易改变身边的环境或身边的人，人只能通过改变自己的形态才能得到升华，你不可能改变你爸妈的性格，你只可以通过自己的努力来改变你生活的现状。"

这些话她有感觉了。她问："那我该怎么做？"

我说："你要继续跟你父母矛盾恶化下去，还是想让你父母放心少唠叨你呢？"

"那肯定是后者啦。"她说。

我接着说："那你只有好好读书，同时与同学交往保持应有的距离，有成绩了，以后考上好的高中，你父母自然放心啦。"她似乎找到方向了。

在与学生的谈话过程中，要走进学生的心里，接纳他的感受，降低他的焦虑，给他方法，引导他选择正确的方向，让他改变不良行为或立下目标方向。

作为老师，如何以更关心、更有效的方法对待学生，如何教育学生而又不让学生的自尊心受到伤害，如何承认学生的感觉并作出回应，这些都是老师在与学生沟通的过程中应注意的问题。

同步带领法，先感同对方，让学生知道，我懂你的心，才能带领学生看清问题，帮助学生解决问题。老师，作为学生生命的陪伴者，在学生需要帮助的时候，应尽最大的努力来帮助学生走出困境。

——广州市白云区明德中学　李建平

Part4

成为班级的团队教练

我要带出怎样的班?

建立班级归属感工具箱

激发团队创造力工具箱

导　语

查理斯·施瓦伯（Charles Schwab），美国历史上第一个年薪百万美元的打工皇帝，39岁时就成为了美国钢铁公司的总经理。

有一次，他发现自己管辖下的一家钢铁厂的产量很落后，便问厂长："这是怎么一回事？为什么产量总是落后呢？"

厂长回答："说来惭愧，我好话丑话都说尽了，甚至拿免职来恐吓他们，可他们软硬不吃，总是懒懒散散的。"

那时正是日班工人即将下班、夜班工人就要接班的时候。施瓦伯向厂长要了一支粉笔，问日班的领班："今天炼了几吨钢？"

领班回答："6吨。"

施瓦伯用粉笔在地上写了一个很大的"6"字后，默不作声地离开了。

夜班工人接班时，看到地上的"6"字，好奇地问是什么意思。日班工人说："总裁今天过来了，问我们炼了几吨钢，领班告诉他6吨，他就在地上写了一个'6'字。"

次日早上，日班工人前来上班，发现地上的"6"已被夜班工人改写为"7"。知道输给了夜班工人，日班工人内心很不是滋味，他们决心给夜班工人一点颜色看看。那一天，大伙加倍努力，结果他们炼出了10吨钢。于是，地上的"7"顺理成章地变成了"10"。

在日、夜班工人你追我赶的竞争之下，工厂的情况很快得到改善。

不久，该厂产量竟然跃居公司所有钢铁厂之首。

只用一支粉笔，施瓦伯便成功激励了他团队中的员工，迅速扭转了乾坤。没有奖金，也无需各种惩罚手段，他到底是怎样做到的呢？

我们可以从企业管理的成功案例中借鉴到什么呢？

班主任能否也像施瓦伯一样，无需依赖物质上的奖惩，就能轻松带领自己的班级，成为一支优秀的团队呢？

我要带出怎样的班？

令人恐惧的班级氛围

很多班主任都与我分享过这样的感受：当我们开始接手一个班，自己就如同上了发条的陀螺，没有停歇地运转起来。面对个性鲜明、朝气蓬勃的学生群体，迎接各种各样的检查、评比和竞赛活动，处理层出不穷、纷繁复杂的班级事务，很多有经验的班主任都有一套行之有效的管理方法来提高效率，确保自己的班不在竞争中落后。

让我好奇的是，在老师使用这些有助于提高管理效率的方法时，学生的表现以及感受是怎样的呢？

有一次，我到一所学校调研，在某班的墙报上看到了一张详细的学生量化评比表，表中列出了很详细的学生行为标准。如迟到一次扣 1 分，在学校吃零食扣 1 分，没有打扫包干区扣 2 分等等。从介绍中我还了解到，老师发动了学生相互督促，每周的班会课上都会进行分数统计，看谁扣的分多。但尽管这样，老师仍然表示很烦恼，因为学生的不良行为一遭到惩罚通常就会立即停止，但是不久就会再次出现，而且是一而再、再而三地出现。

还有一个案例是这样的：

一年级的小立书包总是鼓鼓囊囊的，但却总找不到上课需要的书、本和笔。为此，他的班主任非常生气，在一次课上当众把小立书包里的东西全都倒在桌子上给同学看。满桌的纸飞机、糖纸、果皮、臭袜子等等，惹得全班同学哄堂大笑。从此，小立的书包确实干净多了，上课再也不会找不到书或笔了。不过，小立也变得更沉默了，班级活动中也很少见到他的身影。

有时我们不得不承认，学生之所以守规矩，是因为他们害怕，因为老师们将惩罚带来的恐惧感当作了班级管理的捷径。虽然老师的管理在较短的时间里取得了一定效果，但却让学生深深地体验到生活在这个班级之中是可怕的，周围的人是不可信的，甚至认为自己是不受欢迎的、没有价值的。这种伤害也许会是长久的，也有可能在某些特定情境下会激发学生激烈的行为反应，造成难以预计的后果。

扪心自问，老师们的内心同样为恐惧所操控：害怕说话没学生听、害怕场面失控、害怕校长对自己不满意、害怕承担责任……越是恐惧，越想控制，越急于评判，于是老师的恐惧就经由各种管理手段传递给了学生，带给学生新的恐惧。

在这样的氛围下，人为了追求被爱、被接纳、有价值和有自尊，就会进入一种求生存的应对姿态之中，引发出各种行为偏差，而整个班级也会因此失去生机。如果这不是我们作为班主任的初衷，那就要问问自己：

我期待一种怎样的师生关系？

我如何能跨越恐惧，带领班级到达理想的状态呢？

从人际关系看班级氛围的营造

　　管理心理学的研究成果表明，人际关系对整个系统的运作有巨大的影响。家庭治疗大师萨提亚女士认为，系统中的人际关系通常有两种类型：等级模式和成长模式。她在《萨提亚家庭治疗模式》一书中，详细介绍了这两种关系模式。

　　在等级关系模式中，某些人因为所扮演的角色总是处于优势，拥有支配和控制他人的权利；而某些人则处于劣势，必须循规蹈矩，服从于他人的控制。在这样的模式下，系统中的弱势群体被要求在长时间内保持顺从，以此来获得强势群体的接纳。事实上，等级模式长期存在于各种关系当中，如父母与孩子之间、老板与员工之间、教师与学生之间等等。

　　就师生关系而言，老师由于知识、能力和角色上的优势，很容易在学生面前产生优越感，在关系中成为强势一方。因为大权在握，老师成为了拥有唯一正确答案的裁判，管控学生最简单最常用的方法就是惩罚和奖励——标准在我这，你做到了就有奖励，做不到就要受惩罚。由此，班级里笼罩着恐惧、紧张和不安的氛围，学生常常会因为老师的出现而紧张地用手肘推撞邻座："嘘！老师来啦！"同伴间意见不合，最常听到的就是："你再这样，我就告诉老师！"

　　等级模式的普遍存在，有时甚至让我们误以为这是唯一的人际互动方式了，而萨提亚女士却不这样认为。基于对人的内在动力的研究，她更相信众人生而平等，并提出了成长关系模式。在成长关系模式中，系统中的每个个体即使扮演着各不相同的角色、承担着不同的任务，但在人格上都是各自独立的，人际间具有平等的价值和关系。在这样的模式下，系统内部的氛围则显得更平和、愉悦和舒适，人们可以坦然地接纳彼此的差异，并尊重每个个体与众不同的独特性。

随着知识经济时代的到来，越来越多的理论研究者和企业管理专家开始关注不同关系模式对组织氛围的影响，在寻求管理模式的突破时，成长关系模式提供了新的角度和思路。作为教育工作者，或许我们也可以借鉴企业管理的先进经验，做些新的尝试来改善自己班级的氛围，提升管理的效益。

引领出有生命力的班级团队

理解团队及其特性

我们相信，一定数量的人凑到一起并不见得就能构成一个团队。所谓团队，在由国际上 20 位顶级教练合著的《教练式管理》一书中是这样界定的：只有当一个群体的成员间的互动有一些特别的、本质的特性时，这个群体才算是一个团队。这些特性主要包括：**共同的目标、技能互补、共同进退、高质量的沟通**等等。

共同的目标是团队与群体最为根本的区别。团队所设定的目标对每个成员来说都是有意义的，而且他们能够在如何达成目标这个问题上取得一致。团队的目标同时是兼顾着每个成员的个人目标的，它们你中有我、我中有你，在集体合作达成团队目标的过程中，个人目标往往会随之达成。

技能互补就是承认每个成员的独特性，并且相信这些独特之处对团队而言都是有价值的。面对某个任务，成员们能充分运用自己的独特性来与他人合作。

共同进退说明在团队中，成员是荣辱与共的，能关注到彼此的需求并给予积极的回应和支持，大家一起分享成功和失败。

高质量的沟通包含团队内部成员约定俗成的、具有自己特定模式的沟通策略，以及团队内外灵活多样的相互联系。

一个团队教练，首要的任务就是思考如何将一个群体转变为团队。一位教练型班主任，制定出师生共同认可的目标，营造出一个荣辱与共、各展所长和沟通顺畅的理想氛围，教练出一个班级团队同样是很重要的工作。

做有支持力的团队教练

根据全美优秀教师罗恩·克拉克（Ron Clark）真实事迹改编的美国电影《热血教师》中，有这样一个场景，克拉克老师看见某班门口的垃圾桶里站着一位学生，他正被老师罚站，面壁思过。于是，克拉克老师主动上前，与学生谈了起来：

师：嘿，发生了什么事？

生：老师说我学不会，所以我应该跟垃圾一起被扔出去。

师：我是克拉克老师，你叫什么名字？

生：哈德里·克雷格。

师：很高兴认识你。（与学生握手后，停顿了一会儿）很抱歉，我太健忘了，我叫什么名字来着？

生：克拉克老师。

师：哦，瞧见没，你刚刚就学到东西了。

……

简单的几句话，克拉克老师帮助学生看到了自己的能力，体验到了自己的价值。这是一种支持力，一种推动学生自主发展的力量。

当代世界顶级催眠大师、NLP 研究小组创始成员之一斯蒂芬·吉利根博士（PhD.Stephen Gilligan）认为，支持对一个人身份的建立很重要，它能唤醒及保护人的潜能，提升他存于内在却未被充分运用的资源。如同教练与运动员的关系，支持者不必做被支持者的角色模范，只需要提供氛围、鼓励和资源，让被支持的团队或个人完全聚焦于如何发展和应用自己独特的能力和技巧。当教师成为学生的支持者时，学生可以从老师的语言和非语言的方式中获得这样的信息：**我是这个班里的一分子。**如上面克拉克老师的案例，当学生感觉到自己被看到、被关注的时候，随之而来的是安全感和对团队的归属感。由此，他们会感到踏实和放松，不再需要刻意地做些什么奇怪的行为来吸引别人的注意力。

我是受欢迎的、有价值的人。当学生相信自己在团队中受欢迎、被珍惜的时候，他们就会有回家的感觉，就能因为体验到自己的价值而感到满足，这些积极的情感体验继而会激发出他们对团队的忠诚感和责任感。

我是独特的、有所贡献的人。若学生能觉察到自己在团队中是独一无二的，就会自然地产生愿望来表达这种独特性，而这种独特性的彰显会释放一个人的创造力。当学生认识到可以运用自己的独特性对团队作贡献的时候，就会给他带来巨大的动力和能量。

这些支持信息能帮助学生打破固有的限制性信念，使他们逐步建立起新的更积极的信念：**对我来说，获得更好的成长是可能的，我是有希望的；我有能力获得更好的成长；我是值得有更好的成长的。**

让班级团队焕发生命力

有支持力的班主任运用成长模式作为一种新的师生关系模式，能带给整个班级团队前所未有的生命力。

在成长模式下，通过有支持力的班主任的带领，班级团队中的每个成员都能成为彼此的支持者，每个人的内在冰山都能被关注到，彼此间的理解不仅停留在外露的行为上，更能深入彼此内隐的情绪、期待和渴望。

例如，我们课题组的古老师班上有个来自单亲家庭的学生，由于父亲疏于照顾，这个学生常常会缺少学习用品，还常会丢三落四。班上的同学却没有因此而嘲笑他、看不起他，当他有需要时大家都会积极伸出援手，班干部还会组织同组的同学轮流负责提醒他完成各项学习任务。后来，这位同学在大家的帮助下，学习成绩有了很大的提升，更重要的是他变得更乐观、更阳光、更有信心，并积极去面对生活中的各种挑战。

在这样的班级中，师生们更能理解和尊重人与人的不同，更能够接受事情发展的多种可能性，而且有能力根据三赢的原则来选择恰当的方法，更重要的是愿意为自己的选择负责任。当班级团队中的每位成员都感受到被接纳、被支持和被爱时，他们的内心就找到了归属，原本存在的生命力就会被唤醒，潜能就会被激发，这些会成为推动他们不断成长的强大力量。在一个团队中，如果每个成员的生命力都得到了彰显，并愿意为了共同的目标与他人合作，个体间的情感就流动了起来，生命力也相互联结了起来（见图 4-1），由此聚合成整个团队的生命力，促使团队不断地成长和创新。

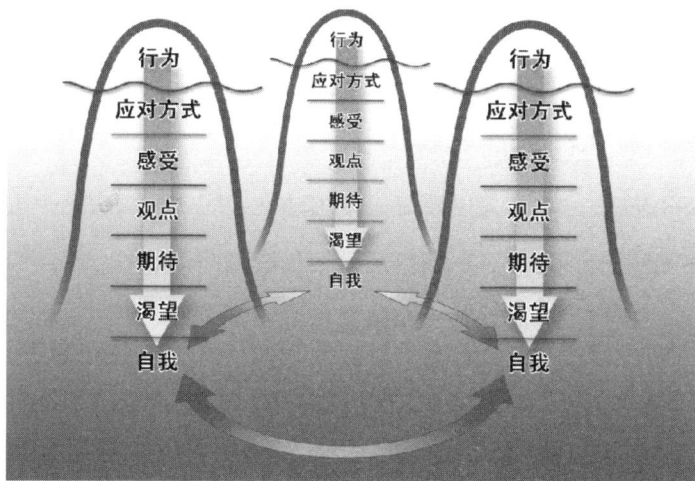

行为
应对方式
感受
观点
期待
渴望
自我

行为
应对方式
感受
观点
期待
渴望
自我

行为
应对方式
感受
观点
期待
渴望
自我

图 4-1　团队的生命力

建立班级归属感工具箱

归属感是有生命力的班级团队的重要特征之一。归属感是指个人的感觉被别人或被团体认可与接纳时的一种感受。著名的马斯洛需求层次理论中就提到，归属和爱是人的重要心理需要，只有满足了这一需要，人们才有可能达到自我实现的目的。下面提到的一些方法，有助于班主任在学生中建立班级归属感。

理解层次贯通法

理解层次是教练型班主任的重要理论基础之一，它能帮助我们了解自己、学生和其他人的思考层次。遇到困境时，这种方法首先帮助我们看清我们正卡在了哪个层次，通过换框可以将注意力转向不同的层次，从而打破局限，找到新的可能性。

理解层次贯通法则是更系统、更主动地运用理解层次这个工具来解决实际问题的一种方法。所谓贯通，就是说我们在思考一个问题时，不停留在一个层次上，而是将六个层次从高到低连通起来，系统地进行思考（见图4-2）。罗伯特·迪尔茨认为，系统层次与人的归属感建立有密切的关系，成为某个系统中的一分子对一个人而言至关重要。从系统层次出发逐层贯通，团队的各种问题就能迎刃而解。

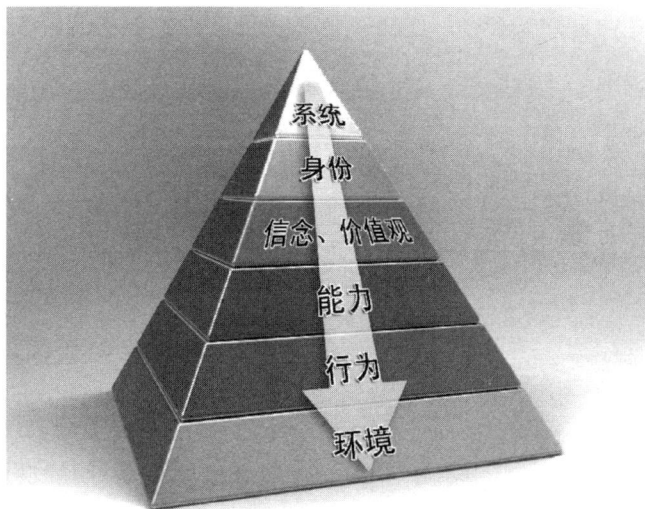

图 4-2　理解层次贯通法

理解层次贯通法在团队管理中特别能显现出它的威力，这在企业管理中已经得到了证实。下面我们以阿里巴巴集团为例，运用理解层次贯通法分析它的组织规划和企业文化：

阿里巴巴集团，是一家由中国人创建的国际化的经营多元化业务的互联网公司，自 2014 年 9 月正式在纽约股票交易所挂牌交易后，已成为仅次于谷歌的全球第二大互联网公司。阿里巴巴业务的成功和快速增长有赖于员工们尊崇共同的使命、愿景及价值体系，建立了强大的企业文化，具体如下：

使命：让天下没有难做的生意。

愿景：分享数据的第一平台、幸福指数最高的企业、"活 102 年"的企业。

核心价值观：客户第一、团队合作、拥抱变化、诚信、激情、敬业。

阿里巴巴提出的企业使命，凸显了企业为社会带来的价值和贡献，回答的是企业"为何存在"的意义问题，处在理解层次的最高层——系统层面；提出的三条愿景，是对企业自身在将来要发展成为什么样的一个定位，属于对自己身份层次的认知；提出的六条核心价值观是企业为了实现社会价值、体现自我身份必须遵循的品质和准则，是全体员工确定自己行动方案的原则或者称为"游戏规则"，属于信念和价值观层面的问题。

这三个层次的问题整合起来，就是我们通常所说的企业文化或组织文化，它们的表述往往比较虚泛，却又是影响最深远的。一个企业如能很好地解决上三层的问题，那么下三层的问题，包括如何展现运营能力、规范运作流程，以及如何适应市场环境、运用内部资源等等，就比较容易解决。

由此看来，在贯通六个层次的过程中，上三层的建构尤为重要。

企业的成功案例值得我们借鉴，假如我们将理解层次贯通法运用于班级管理当中，如班级建设规划、班级文化打造、班级活动设计等等，会有怎样的效果呢？以下几个案例来自我们课题组的成员。

案例1："大拇指班"班级三年规划方案（来自四年级的班主任陈老师）

使命：传承"白绿"精神，让班级因我而精彩！（"白绿"精神为该教育集团的学校文化）（系统）

愿景：成为拥有凝聚力和行动力的班集体。（身份）

班风：真诚、友爱，做最好的自己。（信念）

班级约定：尊重集体中的每一位同伴。（能力）

在集体中贡献自己的所长。

班歌：《我相信》。（环境）

班徽：一个红色的大拇指。（环境）

环境布置：目标树、能量鱼池、荣誉墙、公布栏……（环境）

学年目标：（行为）

四年级：欣赏自己的优点，为班级做自己擅长的事情。

五年级：欣赏同伴的优点，真诚地与同伴合作。

六年级：欣赏自己的集体，为母校添光彩。

案例2：《垃圾分类从我做起》系列活动方案（来自高二的班主任汤老师）

活动意义：

生活垃圾的分类投放，可以节约土地、能源，并最大限度地减少污染。美丽花城是我们的家，作为广州的公民，坚持将垃圾分类投放是我们爱国爱家的最好表现。广州是我家，垃圾分类从我做起！（系统）

活动目标：

1. 让每一位高中生意识到垃圾分类的必要性和紧迫性，以身作则，拿着垃圾袋，捡起路上的垃圾，按照要求做好分类，力争做一个有环保意识的好公民。（身份）

2. 向附近街道宣传垃圾分类的重要性，树立节约资源和保护环境的意识。（信念、价值观）

3. 运用研究性学习课程的知识和社会实践活动能力，开展问卷调查和宣传活动。（能力）

活动内容：（能力、行为）

1. 在班内开展垃圾分类知识竞赛。

2. 在社区内开展垃圾分类问卷调查。

3. 对居民进行垃圾分类宣传。

4. 对社区街道卫生死角进行大扫除。

活动分工：（行为）

班委负责整个系列活动的统筹安排，全体同学共同参与活动。

第一组活动：垃圾分类社区调查。

组长：×××，负责审核调查问卷的有效性。

组员：搜集资料、设计调查问卷、发放和统计数据。

第二组活动：垃圾分类宣传。

组长：×××，负责带队调查和保证队员安全。

组员：垃圾分类宣传板的制作、宣传、拍照。

第三组活动：清洁街道。

组长：×××，组织和安排清洁活动。

组员：拿着垃圾袋，捡起路上的垃圾，按照要求做好分类。

活动准备及时间安排：(环境)

各组根据活动内容准备相关物资，如调查问卷、相机、笔、环保袋等，联系相关街道。

时间安排：(略)

设计反思：

以前每到学校的大型学生活动时，班主任就像接到学校的圣旨一样工作，不需思考讨论，因为活动程序和细节都很熟悉了，写活动方案不过就是循例罢了。在我学习理解了层次贯通法后，我意识到如果能帮助学生按照系统—身份—信念、价值观—能力—行为—环境六个层次重新理解和认识"垃圾分类"活动，他们对整个活动的理解会更全面透彻，投入的热情也会更高，活动的效果定会很不一样。因此，我在班上提出活动设想时就着重引导学生在系统、身份、信念、价值观四个层次上理解活动带来的意义，结果学生们都跃跃欲试，很快就结合自身的能力和现有的人力、物力提出了具体的做法和分工。这次活动取得了事半功倍的效果，我作为班主任也得以从繁忙琐碎的工作中抽身出来。

案例3：小组文化建设(来自初一的班主任柯老师和超越小组的同学)

组名：超越小组。（身份）

组训：齐心合力，人人参与；取长补短，共同进步！（系统）

口号：每天进步一小步，日积月累跨大步！（信念、价值观）

合作准则：（信念、价值观）

1.尊重小组内的每位成员，自觉维护小组荣誉。

2.相互帮助，共同进步，不丢下任何一位成员。

3.分工明确，各尽所能，在小组内作出自己的贡献。

4.认真倾听，轮流发言，学会赞赏同伴。

分工及职责：（能力）

大组长：1.组织和带领小组成员一起完成学习任务。

      2.给小组成员分配具体的任务。

      3.负责小组与老师之间、小组与小组之间的沟通。

纪管员：1.关注小组成员的学习状态并做好记录，做到公平、公正。

      2.注意提醒组员讨论时的音量和避免谈及与上课讨论无关
的题外话，以免干扰其他小组和影响讨论进度。

记录员：1.记录讨论时的答案或要点及讨论结果。

      2.记录组员的表现和奖励情况。

检查员：1.检查组员课前准备是否到位。

      2.检查导学案、错题本、练习纠错等资料。

展示员：1.整合小组讨论后的观点，口头表达小组讨论的结果。

      2.在黑板上板书讨论结果并作解释。

计时员：注意把握时间，调控讨论进度。

具体要求：（行为）

1.每次讨论前，小组成员共同说出本组的目标和口号。讨论完成后，全体成员再说一次本组的目标以示讨论结束。

2.讨论时，所有成员需围成一个圆圈。

3. 发言的同学在发表小组意见时，要以"我们小组"作为主语，而不是"我"。

4. 别的同学在发言时，其他同学要认真耐心地倾听，等他人发言完后，再提出自己的看法，以表示对别人的尊重。

5. 小组成员之间的分工，每周互换，如果暂时觉得没有合适的人选，可按旧的分工进行，大组长不变。

6. 每天推选 2 名在小组活动中表现踊跃积极、有独特见解的同学进行奖励。

组歌及组徽：略。（环境）

设定意愿法

苏茜·史蜜夫曾讲过这样一个故事：

在广阔的沙漠里生长着一棵树，它在那里站立了可能有 300 年之久。300 年来，它经历了各种天气，烈日的蒸烤、闪电的劈打、狂风的撕扯，同时它还被各种经过的鸟类和人类欺负，以至于有一部分的枝桠枯萎了、死去了。但是过不了不久，它又会发出新芽，继续它的生长。就这样，这棵树凭着惊人的生存意愿在沙漠里存活了 300 年，相信今后它还将继续生存下去。

我很尊重这棵树，因为我相信，很多时候我们都需要有这样的意愿来支持我们继续走下去。

著名的 NLP 导师张国维博士认为，意愿是我们要达到某个目标所想要的经验过程，是"应该做"，同时也是我们心里"愿意做"的，是在身心合一的状态下去做某一件事的体验过程。这种体验过程，可以通过我们的视觉、听觉或感觉等各种经验元素进行感知，使我们身心一致地去达到目标状态。

设定意愿与我们熟悉的制定目标是有区别的。目标很有可能是基于外在的因素而制定，如老师会根据学校的要求制定本学期的工作目标，伴有明确的计划或方案；学生会根据过往的学习情况来制定自己新的学习目标和计划。但你会发现，很多目标我们都意识到应该去做，而事实上我们却没有真正做到，反而不应该做的事，我们却经常去做。比如，我们知道身为教师应该博览群书，给自己制订读书计划，但没坚持几天，就又回复到每天埋头看手机的日子中。这是因为我们意识中有一套价值观，告诉我们"应该怎样"；潜意识里却是另外一套，指挥我们"怎样做"。当意识和潜意识中的价值观不一致的时候，我们就会处在矛盾，或者是做事情总是三分钟热度的状态当中，它会使我们原有的力量互相抵消。

在 NLP 里有一句话：意之所在，能量随来；意之所聚，能量无穷。设定意愿是帮助我们将意识和潜意识中互相矛盾的价值观整合起来，达到身心一致的状态。当我们身心一致地去做某件事的时候，我们的注意力和潜能就能集中于我们想要做的事情上，并在做的过程中体验到快乐和喜悦等积极的情绪感受。如一个孩子如果有画画的意愿，不用大人叫也会主动拿起画笔画个不停，并乐在其中。这种积极的情绪体验就是一种无形的能量，不但让我们更有勇气和力量去面对困难，更会让我们呈现出与众不同的精神面貌。

如何设定意愿？最简单的方法就是在一个虚泛的目标框架之中加入生动具体的各种感官经验描述，让生硬、理性的一个"点"变成有温度、易感知的一个"面"，或者说是一个过程。例如：

1. 我要好好学习，做个好学生。（目标）

我要用我的好奇心去探索我感兴趣的学科知识。（意愿）

2. 我要做快乐的人。（目标）

每天我都要向别人微笑，欣赏身边美好的人和事。（意愿）

3. 我要为班集体出一份力。（目标）

我要看到每一位同学，为他们做些力所能及的事情，让他们都能感觉到我对他们的关心。（意愿）

4. 我们要努力成为优秀的四人小组。（目标）

我们要关心小组里每位同伴，互相帮助，用轻松、愉快、三赢的方法相处。（意愿）

5. 我要积极发言。（目标）

我要将我的想法告诉同学们，让他们听到我好听的声音。（意愿）

除了说出来，身体动作的配合也很重要。我们在第三章讲过影响沟通效果的三因素，这三因素同样适用于与自己的沟通，即用适当的语音语调，配合适当的身体动作，将我们的意愿表达出来，能打通意识与潜意识的通道，制造出一种身心和谐的内在状态，让能量流动起来。

班主任作为班级的灵魂人物，需要设定一些信任、尊重和支持的意愿，以此营造出理想班级的基础氛围，让学生体验归属感和价值感。

为自己设定意愿

为自己设定意愿，主要包括班主任要为自己设定意愿，以及培养学生学会为自己设定意愿。

作为班主任，我们可以常常问自己三个问题：

我想要成为怎样的教师？

我想我的班级成为什么样的团队？

我想我的学生成为什么样的人？

这三个意愿问句，能引领班主任有的放矢地开展班级管理工作，不至于被日常的烦琐事务冲昏了头脑。

每一天，在与学生见面之前，我们也可以为自己设定些意愿，让自己有更好的状态，更能全然地投入到与学生的相处当中。

每天在上班的路上，庄老师都会留意周围的景物，然后边走边对自己说：今天的阳光这么灿烂，我也要让学生看到我灿烂的笑容；路边的花开得真美，就像小霞的笑脸，一会儿我要告诉她……

聂老师告诉我，她会将一些平时特别容易被忽略的学生的名字写在办公桌上，每天进课室前看上一眼，然后对自己说：今天我要如何关注他？如何让他感受到大家对他的欢迎？

同时，我们还可以让学生为自己的成长设定意愿。

邱老师每天早上会用五分钟时间组织学生设定自己的意愿，让他们写下来，并在心中默念。如：

我今天要勇敢地举手发言，把我的想法说出来。

我想认真地听其他同学的观点，不随便插嘴。

今天的测验我要认真思考才下笔，书写工整。

我想和四人小组里的同学合作，完成今天的学习任务。

……

每天放学前，邱老师也会用一点时间来进行总结，帮助学生们回顾今天意愿达成的情况，让学生带着喜悦和丰盛的状态回家。

为班级设定意愿

在班级团队中，有共同的目标之后，还需要设定共同的意愿。它可以显化成一首班歌、一句口号，或者是一些班级公约，旨在令团队中的每个成员都受到鼓舞与影响，带动整个团队的士气与力量，去达成目标。

电影《热血教师》中，罗恩老师就为班级设定了以下这些意愿：

第一条：我们是一家人，我将成为你们的家人，而你们也将成为我的家人，我们是一家人，所以我们要相互支持。

第二条：我们要相互尊重彼此。具体表现首先是在言语方式上，如回答问题要举手、要有称呼等。

第三条：我们进出教室都要排队，包括吃午饭的时候。

这三条意愿很好地概括出了班级所要营造的基本氛围：支持、尊重和秩序，也为同学们达到这个班级目标提出了具体的可操作的行为规范。

班级意愿的设定与我们平时提出的班级规定和要求相比，更多地把焦点放在我们要的地方和我们班的目标上；更多地用学生的口吻表达；更注重师生共同参与设定；更易于团队成员理解和执行。

案例：

陈老师所在的学校即将举行运动会。为了鼓舞团队斗志，积极备战，陈老师带领全班同学一起为班级参加校运会设定意愿。

老师：大家好，今天我起床时，听到窗外小鸟在欢快地鸣唱，看到蓝蓝的天空上白云飘飘，感觉今天是一个秋高气爽的好日子。我的心情大好，我想今天应该是我们班的幸运日，是我们班创造奇迹的好日子。回到学校，看到你们的笑脸，听到你们的笑声，我更相信今天是一个创造奇迹的幸运日子，我坚信我们班今天一定能够取得好成绩！今天，我们的目标是什么？

学生：年级第一！

老师：太棒了，我们共同的目标是年级第一！好，同意的同学举高右手，握紧拳头，向下确认说："YES!"我对大家实现这个目标很有信心。那么为了实现这个目标，我们要怎么做呢？首先运动员要怎么做？

学生：每个运动员做最好的自己，努力拼搏，大胆竞争，赛出自己最好的状态来。

老师：好，很好。来，我们的运动员做最好的自己，勇敢拼搏，举高右手，握紧拳头，向下确认说："YES!"在我们的运动员努力拼搏时，其他同学要做什么去实现年级第一这个目标呢？

学生：我们要做好啦啦队的工作，做好后勤工作，让我们的运动员没有后顾之忧，全力以赴去参加比赛，给他们最好的支持、帮助和鼓励！

老师：哇，大家真的很棒，团结一心，稳夺第一！同意的同学举高右手，握紧拳头，向下确认说："YES!"我们还要注意些什么细节呢？

学生：所有同学在一整天当中要注意做到友好友善，友谊第一，比赛第二，尊重裁判，尊重所有参与管理工作的老师和同学，过一个安全的、快乐的校运会！

老师：同学们，我为你们感到骄傲。看到你们现在这么棒的状态，我更加相信我们能实现年级第一的目标。同意的同学举高右手，握紧拳头，向下确认说："YES!"如果实现了目标，你们想怎样庆祝呢？我有个提议，我们组织全班同学一起去烧烤好不好？最后祝愿我们班能在今天这个美好的幸运日里，创造佳绩，梦想成真！同意的同学举高右手，握紧拳头，向下确认说："YES!"（连做三次）

带着美好的意愿、共同的目标和积极的状态，陈老师的班最后真的取得了年级第一的好成绩。

能量小鱼法

英国人类学家、杰出的沟通大师格里高利·贝特森曾花费数年时间通过观察记录海豚学习动作的过程，研究海豚的沟通模式。他们的研究团队曾通过海豚表演向观众们展示了海豚的学习过程。训练员把一只海豚从休息池带到表演池，让海豚在那里自由游动。当其无意中做出一个令观众注目的动作时，训练员就会马上吹响哨子，并扔给海豚一条小鱼，接着训练员会继续等待，直到海豚重复这个行为，便再一次吹响哨子，扔给它一条鱼。不久，海豚就学会了做什么可以得到鱼吃，于是就会经常重复这个动作，以证明自己非凡的学习能力。在第二场表演中，海豚很自然地做出第一场表演的动作，等待着训练员的哨音和小鱼。而训练员并没有这样做，而是一直等到烦躁的海豚在无意中做出一个新动作，便立刻吹哨并扔给它一条小鱼。在整个的第二场，只要海豚做出这个新动作，它就能获得哨音和小鱼。如此类推，在前十四次的演出中，海豚都重复着这种模式：开始不断重复前一场中学到并被强化的动作，直到最后，似乎是偶然地做出了一个新的引人注目的动作，获得哨音和小鱼并且成功地完成了表演。在每场演出中，海豚也都会因为得不到奖赏而变得越来越烦躁和沮丧，训练员则会打破规则，定期喂给海豚一些"非劳动所得鱼"，以保持自己和海豚的紧密关系。到第十五场演出时，海豚的状态似乎一下子到达了顶峰，它出人意料地做出了一系列精彩的动作，包括几个完全不同的、以前从没有做过的新动作。

贝特森的海豚实验给了我们一个很好的启示：**你想要什么就去肯定什么，你肯定什么就会得到什么。**

班主任要善于发现学生日常表现中的闪光点，及时予以回应和肯定，让学生个人，乃至整个团队获得成长的能量，更好地为自己负责。

对于如何肯定，海豚可能需要一条能果腹的小鱼，而作为有独立思想、能自我反思的人，回应不在于给予一个具体的奖励，更重要的是传递一种被支持、被关注的信息，让学生产生归属感，获得自主发展的能量。能量小鱼法的应用十分灵活，下面的案例来自我们课题组的成员们。

案例1：

柯老师班的板报上有一个充满魔力的"鱼池"，上面总是贴满了五颜六色、形状各异的能量小鱼，让学生们流连忘返。每个人都可以在这里找到属于自己的小鱼，然后将它们取回去，珍藏起来。其中有几条小鱼是这样写的：

> 给我喜欢的小华：
>
> 　　午饭的时候，我看到你很有秩序地排队拿饭，还为拿汤的同学让出了一条路。我很喜欢有风度的绅士做法，谢谢你。
>
> 　　　　　　　　　　　　　　　　　　　　　　喜欢你的柯老师
>
> 　　　　　　　　　　　　　　　　　　　　　　3月21日

> 阿峰同学：
>
> 　　今天我看到你准时到达课室，并大声早读，我们班有你的积极参与和付出，我这个班长感到非常开心。
>
> 　　　　　　　　　　　　　　　　　　　　　　你的小伙伴：小丽
>
> 　　　　　　　　　　　　　　　　　　　　　　11月6日

> 亲爱的初一（6）班全体同学：
>
> 　　你们好！
>
> 　　就要期末考了，大家都在进行紧张的复习，希望大家在复习的同时要注意身体，别累坏了。祝愿所有同学考出自己理想的成绩，加油！
>
> 　　　　　　　　　　　　　　　　　　　　　　你们的同学：砾心

案例2：

在第三章讲到的同步带领法中，案例3里黄老师班上的小邓因与同学发生摩擦而在走廊上哭闹的事件发生后，黄老师安排小邓回家休息了几天，其间召开了专门的班级会议，运用议事厅法（见下一节内容）与学生们一起商量小邓事件的解决方法。其中一个方法就是每人送给小邓一条能量小鱼，并将它们贴到一张心形的大卡片上，送到小邓手中。当小邓同学收到这份礼物时，感动得泪流满面，要求马上回学校上课，向同学们道歉。以下是同学们写的几条小鱼：

亲爱的小邓：

你在语文课上回答问题很快！你有什么秘诀吗？你可以教教我吗？

×××

小邓：

你是我们班重要的一员，有了你我们班就多了一份快乐，有了你我们班就多了一份欢笑，我们一定支持你！

×××

小邓同学：

你不在学校的时候，我们都很想念你。你上课的时候总会积极发言。当我们不是很开心时，你就会讲笑话，让我们开怀大笑。无论你想做什么事，我们都会支持你的，希望你身体健康！

×××

亲爱的小邓：

我以前没怎么帮助你，现在你有困难可以找我，你可以继续在我们班学习吗？你的语文成绩很好，我要继续向你学习。

×××

案例 3：

陈老师接手了一个新班，她用了一个学期的时间细心关注每一位学生，根据每个人的情况送出能量小鱼，帮助他们进行身份定位，肯定他们的表现，鼓励他们的成长，追踪他们的变化，很快便与学生建立了深厚的感情，在整个班级营造了温暖、团结、友爱、互助的氛围。以下是学生们珍藏的几条小鱼：

瑞辉：

　　吉祥的灯，照亮众人的生命，带给他人光明和希望。你知道吗？这是多么有意义的人生啊！

　　你的父母给你取这个名字可真有先见之明！现在我们要做的就是，想想可以从手头上的哪些小事做起，最终使自己成为对他人有贡献的人。

陈老师

10 月 12 日

思源：

　　你说数学课代表的工作很烦琐，这确实不是一件轻松的工作。你能想些办法改进一下吗？任何事情都有三种以上的解决办法，人在行动中成长！

陈老师

10 月 12 日

美玲：

　　谢谢你为大家朗读，也很高兴看到你抓住了成长的机会，主动出击，将来必有回报。名可以让，利可以让，成长当仁不让！没有命运，只有选择，生命的主因在自己。

陈老师

12 月 1 日

　　能量小鱼可以由班上的任何人写，也可以送给班上的任何人。只要能给对方增添归属感，提升班级正面积极的能量，就是有效的表达方式。我们可以创造出更多的、适合自己班级的呈现方式。关于能量小鱼的表达方式，可以参照第三章感受式回应法和三明治回应法。

激发团队创造力工具箱

创造力是有生命力的班级团队的另一个重要特征。

知识经济时代，创新成为时代的主旋律。管理心理学家认为，由于任何一个个体都不可能拥有创造和创新所需的全部资源、技术和知识，因此在创新的过程中，团队的创造能力就越来越受到重视，而团队创造力也逐渐成为创造力研究领域的新焦点。

教练型班主任在有效建立班级归属感的基础上，通过专门的工具聚集个体的创造力，提升合作的水平，最终能使团队创造力的效率最大化，取得 1+1+1>3 的效果。

议事厅法

在第三章案例 3 中，我们提到小邓同学的案例，事发后，小邓没有回校上课，但班里的同学却一直在私下议论着这件事，很多同学都不认同小邓的做法，还有的同学提出要求，希望他不要再回来。为此，黄老师感到很烦恼，觉得整个班级的氛围因为这件事而变得消极、负面。面对这种情况，我建议黄老师用议事厅法开展一次班级讨论会。

议事厅法是一种解决问题型的班级会议方式。它的基本理念来自美国国会所使用的开会规则，它由一个叫亨利·马丁·罗伯特（Henry

Martyn Robert）的人撰写成书，因此被称为"罗伯特议事规则"。这种议事规则后来被广泛应用于西方政府、企业和学校，大大提升了会议的效果。结合班级工作的实际提出来的议事厅法，最大的特点是班主任放下控制和评判，与学生相互合作，推动学生为班级的事情承担责任，将问题转化为促进班级成长的资源。具体做法如下：

1. 全班同学围成圆圈，面对面坐在一起，使每个人都能清楚地看到彼此的脸，以便情感能在同伴之间流动。

2. 围绕班级中的一个问题，主持人（可以是班主任，也可以是学生）先作一个情况介绍，让每个人都了解发生了什么事情。

3. 同学们逐一发言，在规定的时间内表达自己的意见。过程中，主持人可适当地进行追问。时间到，主持人就要将发言权移交给下一位同学。

4. 将每条意见记录下来，并得出行动方案。

以下是黄老师运用议事厅法进行班级讨论会的主要情况：

师：同学们，我们班的 36 位小伙伴一直相亲相爱地生活在一起。那天大家都亲眼目睹了在小邓身上发生的事情，这两天他都没有回来，对于这件事，大家有什么感受呢？

生：很不开心，很想念他。

生：他很会讲笑话，让我觉得很开心。

……

生：我觉得他不在我更轻松。

师：是什么让你有这样的感受？

生：他平时经常骂我们，很凶的，还给我起外号！

……

师：哦，他的一些行为让你们感到不舒服了。大家能不能说说，为什么他会有这些行为呢？

生：他就是喜欢欺负人。

……

生：没有人愿意和他做朋友，他不开心，所以就骂人。

师：没有朋友意味着什么？

生：没有人喜欢。

生：孤独，很伤心。

……

师：如果是你，你喜欢这样的感受吗？

生：不喜欢，我喜欢和我的好朋友一起玩。

师：你们想他会喜欢这种感受吗？（大家都摇头）愿意接受他成为你们的朋友吗？（大家都点头）

师：我们一起想想，如果我们要和他做朋友，想和他一起做些什么？

生：我想和他一起讲笑话，因为他讲的笑话特别好笑。

生：他上语文课回答问题特别快，我想多请教一下他。

生：他的数学不太好，我可以和他一起讨论数学题。

……

师：可是他现在已经几天没回来了，你们希望他继续留下来还是离开我们班？（大家都表示希望他留下来）那我们现在可以为他做些什么呢？

生：我家和他家住得比较近，我放学后去看看他，安慰一下他。

生：我可以画幅画给他。

生：我想给他写能量小鱼。

……

生：我觉得我们可以每个人都给他写一张小鱼，贴得好看些，然后送给他。

师：对于这个建议，大家怎么看？（大家都同意）那我们什么时候开始做好呢？

……

最后，全体学生一起写小鱼，制作卡片。

议事厅法的应用十分灵活，时间可长可短，运作成熟的可以在早读、自习时抽取部分时间进行。班主任需要明确的是，谨记讨论要达成的目标，但不预设答案。学生在开始的时候常常会提出很多惩罚性的建议，班主任要有勇气去接纳学生的有限和不完美，通过问题引导他们专注于相关的、尊重的、合理的、有帮助的解决方案。

新学期，柯老师接带了一个初一新班，好长一段时间内她都在思考班级目标的问题。后来她决定听听学生的意见，于是召开了一次班会课。以下是柯老师提供的班会课主要情况：

师：当你进入课室时，你想看到一个怎样的课室？

生：干净、整洁、明亮、窗明几净、卫生、安静、舒适、整齐……

师：很好。我也喜欢这样的环境，如果能够在这样的教室学习应该是一件很享受的事。除了教室卫生环境外，大家希望身边的同学是怎么样的呢？

生：团结互助、友好、和睦相处、互帮互助、文明有礼、懂礼貌、和平、讲文明、容易相处……

师：（——记录在黑板上）嗯，大家喜欢什么样的班级氛围呢？

生：自由自在、轻松、愉悦、快乐、幽默、积极进取、积极向上……

师：（——记录在黑板上）太好了，如果我们的班集体能达到大家的预想，你们会有什么感觉呢？

生：开心、快乐、愉悦、喜悦、太棒了、wonderful、爽……

（师生同乐）

师：看来大家对我们班级的未来充满了美好的憧憬。看到你们有对这样美好班级的向往，我也感觉很有干劲和信心。那现在请大家从以上的词语中，选出四个最喜欢的作为我们的班级目标。（大家举手投票）

最终柯老师和学生们共同选定了"团结互助、文明有礼、和睦相处、自由自在"作为班级目标。

只要形成良好的讨论规范，班级中的各种问题都可以采用议事厅法解决。以下是一些班级中常见的问题，我们可以与学生一起进行一些练习：

有人在课桌上乱写乱画。

有人上课时不写课堂作业。

有人上学迟到了。

爱因斯坦法

爱因斯坦是世界上最伟大的物理学家之一，诺贝尔奖获得者。他对科学的贡献，最为人熟悉的就是提出了相对论。据说，他有关相对论的第一次想法发生在 16 岁的时候。当时他正在学校上数学课，脑子里不断涌现出诸如"假如我坐在光束的末端，世界将会变成什么样"的奇怪问题。他通常会用自己特别喜欢的图像思维来进行漫无边际的想象，做着他的白日梦。

图像化的想象不会为文字的规则和结构所牵绊，可以使我们的思维更自由、灵活。或许有些人会怀疑，我的头脑中根本没有画面，如何运用这种方法？事实上，只要我们能看到，这些视觉信息就会被储存于大脑的某个区域，当我们需要的时候，这些信息随时都可以被提取出来。

例如，你能回想出一个你所熟悉的学生的相貌吗？你能想象出一只橙色的大象在玩滑梯的情景吗？相信一点也不难吧！

将爱因斯坦的思考方式应用于班级团队的创造性活动中，既符合学生的年龄特征，又有助于新想法的产生，是一个很有价值的尝试。下面是两个课题组老师的应用案例。

案例1：决赛该怎样进行？（来自中学的团委书记聂老师）

学校团委组织开展了以"践行社会主义核心价值观"为主题的演讲比赛。初赛已经结束，最终有十名选手闯入决赛。对于决赛具体怎么操作，详细的方案并没有拟定。

团委书记聂老师觉得比赛的主角是十位选手，应该由他们一起来决定，让他们也成为组织者，于是聂老师召集了十位选手一起来商讨决赛的事情。

十位选手对于能进入决赛，既兴奋，又紧张。聂老师让他们坐下来之后，提出了此次会议的目的——如何更好地举行这场决赛。聂老师说，大家进入决赛很不容易，离决赛还有三周的时间，我们需要一起来考虑如何更好地参与这场比赛。大家一定要认识到，决赛现场我们需要面对全校师生的审视，展现出我们的演讲水平，还要让演讲比赛具有一定的吸引力和挑战性，这样才能更好地吸引观众的眼球。所以，大家一起来构想，如何将决赛的每个环节设计好。决赛环节中，确定的环节是既定主题演讲和即兴演讲，不过具体怎么安排，我还没有确定，请同学们发挥一下你们的想象，你们觉得环节怎么安排会更好。

大家现在闭上眼睛想象一下，就在我们的教学楼下，面对全校师生，你将进行一场怎样的决赛呢？你先做了什么，再做了什么？你的感觉如何？你获得了什么？你喜欢这样的画面吗？

十位同学闭上眼睛，开始认真地思考和想象，过了几分钟之后，有的同学露出了愉悦的笑容，有的同学出现紧张的神色，慢慢地，所有同学都睁开了眼睛。聂老师让他们说出自己想象到的画面。有的同学说，我看到了我讲完主题演讲之后，马上就抽签，紧接着就进行即兴演讲，我觉得好紧张，紧张到说不出话，被台下的观众嘲笑。有的同学说，我看到了我讲完主题演讲之后，也是马上抽签，等下一位演讲者讲完之后，我再上去进行即兴演讲，不过还是觉得时间不够，准备得不够充足，一样很紧张啊。有的同学说，我看到的是我们全部选手进行完主题演讲之后，再统一进行即兴演讲，我们有一定的时间为即兴演讲作准备，又可以抽空看看其他选手的表现，所以，我看到自己还是能应付好即兴演讲的，同学们对我的表现给予了热烈的掌声，我好开心。

同学们纷纷说出了自己想象的画面。聂老师说，大家都看到了不同的画面，大家一起来说说，你更喜欢哪种方式，哪种环节的设置更加合理有序，而又不会增加大家的负担呢？大家很快就达成了一致，确定了第三位同学说的观点，就是比赛分为两轮：第一轮，进行主题演讲，每一位选手演讲完后，马上抽签，在座位上等候；第二轮，按照原来的顺序进行即兴演讲。

最终，演讲比赛的决赛进行得很顺利，绝大部分选手在舞台上都收放自如，落落大方，即使是即兴演讲，也是口若悬河，滔滔不绝，赢得了观众的热烈掌声，很多老师和学生都惊叹于他们的表现，表示没有想到我们学校也是个卧虎藏龙的地方。

案例2：班级活动《以诚待人》（来自五年级班主任庄老师）

庄老师班上近来经常出现学生间一言不合就打起来的事情，为了孩子的安全，更是为了让孩子学习以诚恳的态度，用真诚的语言与他人交往，结合语文教学内容，她在班上开展了一次专题活动。庄老师首先通过一个故事引出活动的主题，然后创设了情景：学生甲边走边吃小食品，随手将包装袋扔在了操场上。请同学们放松身体，然后闭上眼睛想象：如果你是学生乙，你来到学生甲的身边，大声对他说：站住！谁让你扔垃圾的？你怎么这么不讲卫生？太不像话了，快把它捡起来。接下来，你看到了什么、听到了什么？在五分钟的小组交流后，小组代表们在全班进行了分享：

代表1：继续扔。你管得着吗？凭什么让我捡起来？

代表2：继续往前走。我为什么要听你的？我就不捡。

代表3：（推了学生乙一下）我就扔，关你啥事？

代表4：（推了学生乙一下）我扔我的袋子，关你啥事？（学生乙也推了甲一把，两个人打了起来。）

……

庄老师并没有马上点评，而是请同学们再次闭上眼睛想象：假如你是学生丙，你这样说：这位同学，校园是我家，维护靠大家。请你以后不要乱扔果皮纸屑了，好吗？又会是怎样的结果呢？在5分钟的小组交流后，小组代表们在全班进行了分享：

代表1：（连忙捡起了垃圾）对不起，是我的不对。我今后再也不会这样了……

代表2：（低着头，不好意思地）我没注意，我会丢到垃圾桶的。

代表3：（弯腰捡袋）是我不小心，我以后会注意的。

……

这时，庄老师开始引导同学们将前后两次想象的画面进行对比，最后同学们自己得出结论：在生活中，我们以诚待人就会拥有更多的好朋友，我们的班级就会更加团结，我们的社会会更加和谐美好。

值得一提的是，爱因斯坦法最大的优势是激发想象，从而产生多种可能性。对于这些想法的可行性分析和评价，以及最终如何将丰富的想象变成可实施的方案，我们可以用下面的迪士尼法。

迪士尼法

华特·伊利亚斯·迪士尼（Walter Elias Disney）是美国著名的动画片制作家、电影制片人。他创作了以米老鼠为代表的诸多经典动画形象，在全世界家喻户晓；他创造动画电影、打造品牌帝国的天赋也改变了多个行业的发展方向。NLP 先驱罗伯特·迪尔茨深入研究了迪士尼的创新策略，认为他用于创造新人物、故事和影片设置的潜在思维模式非常特别。为了方便他人模仿和学习，迪尔茨将其总结并发展成一个模型，称为"迪士尼法"。

迪士尼法是用于产生想法的创造性过程，在这个过程中，一个想法被区分成三种不同的思维角度：**梦想家、实干家和评论家**。这样，我们就可以从三个不同的角度来研究同一个问题，从而最大限度地厘清问题，提高效益。

梦想家可以没有任何限制地想象一件事可能达到的发展进程及带给我们的影响，以帮助我们找到完成这计划或梦想的力量和状态；也可使用爱因斯坦法创造出一个理想状态的画面。从这个角度，我们可以问这样一些问题：

我们要做什么？

这件事对我们班级中的每一个人会有什么影响？

当这件事达成以后，同学们的行为表现会有什么不一样？

这样的变化带给我们的感受是怎样的？

实干家关心的是如何将梦想转变成具体可操作的行为，并尽可能地从不同的视角提出可行性的方案和行动细节。从这个角度，我们可以思考这样的问题：

若要实现这个计划，我们打算采取什么行动？

我们的行动计划和步骤具体是怎么样的？

可能需要些什么人、事、物或资源来帮助我们？

批评家是用批判的眼光来评估实现计划或梦想可能出现的困难和危险。但这个角度的关注点并不消极，它能帮助我们看清计划或梦想中不恰当或不完善的地方，平衡各方面的利益，使我们的梦想变得更贴合实际，更容易操作。由此看来，批评家的角度其实与梦想家一样具有创造性。从这个角度，我们最常问的问题是：

如果……将会怎么样？

可能会遇到什么困难？我们如何应对？

我们如何平衡各方面的利益呢？

当我们从不同的角度思考一些问题的时候，获得的新发现都有助于我们更好地达成计划、实现梦想。在实施这个方法的时候，最好将三个角度放置于不同的空间位置（见图4-3），以便区分不同的思维模式。同时设立第四个空间位置作为观察者，确保我们有机会从更全面、更宏观的角度来审视事件。

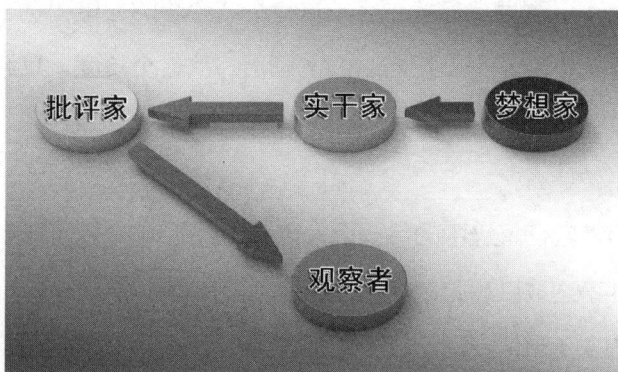

图4-3 迪士尼法的空间位置

在班级管理中，很多时候我们需要放权，由学生主导来做好一件事。

用迪士尼法能有效拓宽学生固有的思想框架，促使计划完成得更圆满。下面是我们课题组两位老师的应用案例。

案例1：迪士尼法在班委会中的运用

进入六年级后，陈老师发现同学们对自己的学习关心得多了，但对班级的事情关心得少了、主动参与得少了，于是召集几位班干部开了个班委会，共同商量解决的办法。在会议的前期，班委们提出了要在全班召开一个主题班会的设想，然后会议的焦点就集中在如何开好这次班会上了。陈老师先在课室的地面上摆下了观察者、梦想家、实干家和批评家四个位置，然后带领班委们逐一进入角色，思考每个角色所关注的问题。

在梦想家的位置，大家希望通过召开一个主题班会，激发同学们关爱自己的班级的热情，并能自觉用实际行动来维护班级利益。同时，班委们还通过想象，描绘出了同学们具体的行为表现和班级环境变化的画面，体会到生活在这样一个美丽大家庭里的温暖感受。

在实干家的位置，班委们在陈老师的带领下，明确了班会课的主题为"六（1）是我家，自觉、自律你我他"，确定了主持人和三个环节的主要内容。围绕三个环节的内容，又进行了进一步的分工，明确了各人负责准备的工作内容和完成的时间。对于某些需要老师协助的工作，如拍摄短片和照片、PPT的制作等也明确了需要找哪位老师。

即使有了明确细致的分工，陈老师也不忘带领班委们进入批评家的位置。在这个位置上，班委们对班会的各个准备和实施环节都进行了评估，提出了不少的问题：如果在拍摄同学们不爱护环境的行为时，受到阻挠或引起争执怎么办；提出新的班级规定，如果大家还是不能遵守怎么办等等，并对这些问题的解决提出了自己的意见。

最后，陈老师带领班委们走进观察者的位置，逐一回顾了大家在梦想家、实干家和批评家三个位置上获得的共识，系统地梳理了这个主题班会活动从准备到实施的各个环节和任务。

会议结束后，班委们带着各自的任务着手准备。陈老师看着孩子们散去的背影，心想：这将是一节多么让人期待的班会课啊！

案例2：班级活动"静下来，拼上去"（来自初中的班主任李老师）

李老师班里的学生总是很活跃，以致上课的时候老师经常要停下来整顿纪律。针对这一现象，李老师在班上开展了一个专题活动。

活动前让学生根据自己的特点自由分成四组，分别为梦想组、实干组、批评组和观察组，同组的同学围坐在一起。李老师提出了本次活动的主题，然后逐一带领各组从各自的角色出发，思考和讨论关于心目中的课堂的问题。

梦想组首先进行了一番热烈的讨论，之后派代表描绘了美好的场景：同学们上课全神贯注，认真听讲，该静的时候静、该回答的时候大声回答。到了期末考试，初一（2）班成为了年级第一名，中考大家都能考上理想的高中。20年之后的同学聚会，我们当中有律师、医生、企业家等。

接着，实干组就实行梦想组的设想进行讨论，提出了要达到梦想组设想的效果，我们必须做到：1.上课时，有同学讲题外话，同伴要提醒讲话的同学；2.提醒后仍然讲话就要作扣分处理；3.如果仍然没有改进的，要在全班同学面前进行反思；4.罚讲话的同学一天不能去小卖部。

针对实干组提出的做法，批评组进行了讨论，提出了一些具体的问题：应该怎样界定影响课堂纪律的标准？课堂上提醒别人的同学是否也会影响到课堂纪律？有些同学并不在意扣分处理怎么办？扣分的工作由谁来负责？谁来监管？罚不去小卖部是不是对所有的同学都有作用？

最后，观察组整理了梦想组、实干组和批评组的意见和建议，得出如下结论：

第一，明确要让课堂静下来，学习才有可能更好地提上去。

第二，明确了四种破坏课堂纪律的情况：起哄、怪笑、自言自语、讲与课堂无关的事情。

第三，针对班里现有问题，制定如下班规：

1.上课时，前后两人结成互助二人组，互相提醒；

2.上课讲话的要扣分，在六人小组中指派专人负责；

3.屡教不改的同学，要对全班同学作解释，并由班长负责安排。

经全班同学通过，新班规从第二天开始执行。

李老师的活动反思：这次活动让学生真正以主人公的身份来讨论班级问题，大家都十分认真和投入。让学生从四种不同的角度来审视一个问题，得出的结论和班规更客观、更可行，学生们也更乐于执行。经过一段时间的执行，课堂纪律确实有了很大的进步。

结　语

施瓦伯只用一支粉笔，便成功激励了他的团队，使工厂的产量一跃成为公司所有钢铁厂之首，充分地体现出他教练团队的高超技艺。该企业的成功案例给了我们很好的启示——教练式的管理使管理者把焦点从只顾成果转移到对团队成员的重视和关怀上，即使是再普通的人，内在也有自尊自强的生命力，一旦受到激发，他就能爆发出强大的力量，创造出令人瞩目的业绩。

本章提出班主任要成为班级的教练，就是要促使班主任在身份上发生转变，不再以"管理者"的高姿态出现，而是转变为团队的引领者，成为沟通、引领和变革的高手，这样才能打造出有生命力的班级团队。本章同时呈现出团队管理的工具箱，从建立班级归属感和激发团队创造力两个角度提出了 6 个具体工具，为班主任带领团队提供了更多的选择。

从每种工具提供的案例中，我们可以发现老师们结合自己班级的实际运用起来都很灵活。是的，有效果比有道理更重要。只要能获得理想的效果，我们尽可前后搭配、灵活创新地来运用这些工具。同时，我更相信将前面各章提到的工具综合运用，工作的效果将会更加理想。

赶快试试吧！

附　录

不是槌的打击，乃是水的载歌载舞，使鹅卵石臻于完美。

——泰戈尔

初中的学生半大不小，自我意识增强，冲动叛逆，难以接受别人的意见，那怎样与他们交流沟通呢？教练型班主任的沟通工具——能量小鱼法是一个很有效的方法。于是，在班主任工作过程中，我用文字记录下自己的观察和感受，也用文字与学生进行交流沟通。一张张小纸条，一条条能量小鱼，在我和学生之间建起了一座心灵之桥，让我们走进彼此的心灵，收到意想不到的教育效果。

1. 小小纸条让学生带笑自信前进

小珊是班里的一名女生，性格温柔文静，爱写作。一天午休巡堂，我看到小珊埋头在一个本子上写着什么。出于好奇，我问她："小珊，在写些什么呢，能给老师看看吗？"小珊不好意思地看着我，犹豫了好一会儿，最终下定决心点点头说："好吧。"我拿起本子翻看起来。在我阅读的同时，周围的同学开始窃窃私语，议论纷纷，有的好奇发生了什么事，有的责骂小珊乱写，有的埋怨小珊怎么把本子给我看。原来，小珊用文字记录了班里发生的一些趣事和同学的一些有趣言论，很有意思。当然其中也记录了一些同学们认为不适宜让老师知道的小秘密。但小珊还是让我看了。这一点，让我很感动，感动于小珊对我的信任——她是冒着背叛好友的危险给我看的啊。所以，看完本子后，我没有找本子中那些秘密的主角来批评教育，只装作不知道。事后，我写了一张小纸条给小珊，内容是：

> 你能让老师看你写的"班级趣志"，我很高兴，很感动。感谢你那么信任老师，愿意与老师分享你的青春快乐与秘密。我真的很感动，我在乎这份师生之间的信任。希望你继续写下去，用文字记录自己的青春岁月，加油！

陈老师
5月6日

过了两天，我收到小珊的一张感谢卡，里面写着：

陈老师：

　　您好！

　　感谢您5月6日那天给我写的鼓励的便笺，令我很感激。

　　老实说，我也很想与父母分享我的快乐，却遭到他们的否定，他们认为我写的东西是没有用的，拿出去只会被别人嘲笑。我很伤心，于是当晚，我将您所说的"班级趣志"给撕掉了。父母的话令我感到失望以及不甘。然而，您的便笺却给我带来了温暖的阳光，促使我继续前进。就这样，我重新买了一本带密码的本子，写进了我的开心、我的苦恼。在开头的第一页，我写了对您的感谢。本来我想就这样把感激一直藏在自己的心底。可是，在体健课上，您说："做人要及时写感谢卡，哪怕是用便笺写，也要让对方知道你的感激之情。"这令我明白，我要让我要感谢的人知道，我是很感激他们的，我会永远铭记他们的！！！

老师，您是一个热情的、理解我们的、常常给予我们鼓励的好老师！

祝

全家幸福，万事如意，身体健康！

小　珊

5月8日

看着感谢卡，我心中充满了感动，我很庆幸自己写了那条赞美小鱼。不经意间，一张小小的纸条却给了学生一个大大的肯定，让她能走出父母否定的阴影，带着微笑、自信地继续写作，写自己想说的话，走自己想走的路。说不定，我班的小珊是将来的知名作家呢，谁敢说这是不可能的事呢？

我珍藏着这张小卡片，让它提醒我继续我的建心桥之路，相信还会有更多更美的故事发生的！

2.小小纸条让学生变得更主动积极

小晴是我的班长，刚开始时，她工作表现不积极，吩咐的事情，她能做完，但不吩咐的事情，她不会主动做，让我感到有点费心费力。她的成绩在班里能保持第一，在级里只是中上，没有进入级里的"第一集团"。怎样激励她，成为我思考的问题。经过观察沟通，我听到小晴多次抱怨父母很少表扬肯定她，好像不太关心不太在乎她。我想，会不会小晴的爱的语言是肯定的语言呢？美国著名的婚姻家庭问题专家盖瑞·查普曼博士在《儿童爱之语》中说，孩子会有五种爱的语言：①身体的接触，②肯定的语言，③精心的时刻，④接受礼物，⑤服务的行动。如果能找到孩子的爱的语言，那么教育效果就会事半功倍，就像中国武术中的点穴法一样，点中了可以将人的潜能激发出来，威力无穷。于是，我采用写能量小鱼的方法，不断地肯定小晴的好行为，及时给予她表扬、赞美。现在，小晴成为了我的得力助手，许多事情，我还没有想到，她已经在做了，而且做得很好，这让我很放心，很省心。看到小晴的工作能力在不断加强，我真的很开心。

班里还有一个学生叫小贤，原来成绩在级里排 50 名左右，现在已经进入级的前五名，为人有礼貌，有上进心，真的是人见人爱。有一次，我写了条赞美小鱼给她，毫不吝啬地赞美她。

小贤：

只想告诉你，我不知道有多么喜欢你。你是我这几年中教过的最勤奋、最积极、最努力，而且进步也最大的学生。你的存在，你的行动应该说是班里的好榜样，促进了其他同学的努力，所以我要谢谢你！

祝

心想事成，考上自己理想的高中。

行动吧！相信自己！

陈老师

9 月 10 日

小贤也给我回了信。当我们在学校相遇时，她的脸上挂着像花一样灿烂的笑容，当然，我的脸上也挂着像花一样灿烂的笑容，幸福洋溢在彼此的心间。

陈老师：

　　看完您给我的信之后，我很感动，因为您是第一个这样鼓励我的老师。在您的培养下我慢慢地在进步，您的好，我不能用语言来形容，我只知道您对我这个宝贝是悉心地照料，精心地呵护，所以我也不知道有多么的喜欢您！

　　祝

开开心心，无忧无虑。

您的宝贝：小贤

10 月 6 日

　　小小纸条，小小能量小鱼，在小晴、小贤身上发生了化学反应，成为我的点穴高招。能让学生学得幸福，学有所成，这不正是我们做老师的追求吗，这不正是教育的本质吗？

3. 小小纸条让学生亲其师、信其道

　　赞美、肯定不仅仅优秀学生喜欢，后进生更渴望，更需要。很多后进生因为种种原因，几乎天天生活在家长、老师的批评斥责中，肯定、赞美对他们来说成了奢侈品。我会抓住他们的闪光点及时进行表扬。为了让肯定的力量更持久，我选择写能量小鱼的方法，在全班公开宣读，并且会让他们上讲台领取。看到他们红红的脸蛋、不好意思的表情，我会想，这些后进生其实也很可爱，有着一颗纯真的心。

　　表扬信公开给，批评信私下给。有一次，因为羽毛球比赛人选问题，我和小桂产生了矛盾，他赌气说出希望我班输球的话，当时他很激动，

我也很生气！我忍住没有和他当场发飙，而是选择回办公室写纸条，告诉他老师选择别的同学的原因。事后小桂也冷静下来了，看了纸条后，他也回了我一封信：

> 对不起老师，我不应该讲那样的负气话，我错了，我只是很想为班级出力。当时，我一直都认为是老师的错误，没有怀疑自己的能力。多谢老师的纸条，以后我会学着控制自己的情绪的。

> 小 桂
> 5月26日

通过写批评纸条，我能更客观地看待学生所表现出来的问题，更冷静地对待他们所犯的错误，避免和年少气盛的学生发生冲突。学生也接受这种批评方式，当他们冷静下来时，更乐意反思自己的错误，虚心改正，他们也能理解老师的苦心，认为老师是真的在关心他们的。

有的学生会把表扬纸条贴在桌面上炫耀，看得出他们是多么渴望肯定啊。在前一刻，我刚狠狠地批评了他们，在后一刻，他们就会与我分享："老师，我有好吃的，您尝一尝，真的很好吃的！"孩子的心灵世界其实很单纯，只要你真心对待他们，他们是能够体会到的，也会尽量跟着你的引导，走向真，走向善，走向美！

小小纸条让批评和赞美多了一点理性，多了一点思考，多了一点痕迹，多了一点爱心。时而赞美纸条，时而批评纸条，让我和学生的心灵之桥建立起来，真诚交流，彼此关心，共同记录下我们的青春成长故事。我付出的不多，但收获不少，幸福、感动的情感不断在心中涌起。

天空不留下鸟的痕迹，但我已飞过。能量小鱼让爱看得见，小小纸条建起爱的心桥，我们彼此爱着。这样做老师，我乐意！幸福的我决定一直写下去，直到永远……

—— 广州市第一一四中学　陈晓仪

后记　为班主任的专业成长助燃

　　沉浸在教练型班主任的研究和培训工作当中，不知不觉已是第6个年头。在此期间，我设计了教练型班主任系列培训课程，组织了以不同任职阶段班主任群体为对象的专项培训，包括网络课程和面授课程；围绕广州市教育科研"十一五"规划课题《应用教练技术促进班主任专业成长的研究》（09B105）和广东省教育科研"十二五"规划课题《教练式语言模式在班主任工作中的应用研究》（2010TJK191）两个课题，在区域内的中小学校建立起多个研究基地和工作站，指导班主任开展班级管理，实施学生个案跟踪；利用网络平台、各种媒介定期推送"教练型班主任每周分享"，将我们的理念和方法传播到更广阔的区域。在长期的实践中，我对自己的专业使命和定位有了更清晰、更深刻的理解，并给予了它一个形象的比喻——助燃。所谓助燃，指的是帮助另一种物质燃烧，隐喻为通过我的研训工作，激发一线班主任发展的内在动力，促使其持续主动地寻求新的知识和技能，创造性地解决实际问题。

　　由此，本书也是推动班主任专业发展的一个工具。正所谓，纸上得来终觉浅，绝知此事要躬行。若想真正成为教练型的班主任，达成"内在丰盛喜悦，外在轻松有效"的美好愿景，确实需要努力去实践。

　　曾经有一位班主任告诉我，我推荐给他的一本书非常好，可惜作者写的是中学的案例，自己是小学班主任，很难模仿。这让我想起一个故事：

有只小鸡很羡慕鸟儿能翱翔天际，于是拜老鹰为师学习飞行。在老鹰的指导下，小鸡很努力地学习，短短三个月就学会了飞。

于是，小鸡向老鹰告别，希望回去报效家乡。

老鹰看到小鸡飞得又高、又快、又稳，心里很是高兴，对小鸡说："恭喜你终于学会了飞行，希望你回去以后用学到的本领建设好你的家乡。"

小鸡听了老鹰的话，非常高兴，然后，撒开双腿一路奔跑着就下山去了。

小鸡学到了飞的本领，却无法打破惯用的思想框架，跑着回去了。人何尝不是这样？我们习惯于待在原有的舒适区域，即使有不满意的地方也只是口头抱怨几句，并不敢真正行动起来去打破它。因为对于未知的区域，我们总会有不安全感和不确定性。而在这点上，我们课题组的老师作了很好的示范，他们敢于破框，用他们的聪明才智去尝试、去总结，最终将一个个精彩的案例呈现在我们眼前。这些年来，常有学校的校长、主任告诉我，他们非常欣喜地看到了参与培训、参与课题研究的老师身上发生的变化。事实上，一切的改变都源于自己，我所做的只是推动和陪伴。

我真诚地期待班主任们在学习了教练型班主任的理论、工具和案例之后，能从中获得进一步成长的动力，更重要的是能在实际的工作当中切实地去尝试和应用。我更渴望看到班主任们能超越教练型班主任现有的框架去创造更多更好的班级管理技术和方法，进一步完善教练型班主任的理论框架，从而影响和推动更多的班主任获得专业成长。

如果您对本书观点还有什么需要咨询的地方，或者想要将您的应用感受和成功案例与我分享，欢迎发邮件到我的邮箱：lhqgzyx@126.com，或关我的微信个人公众号"慧勤老师"，并在上面给我留言（微信二维码见前勒口）。我愿意尽我所能与大家交流，为大家的成长助燃。

祝愿班主任们走上一条丰盛、喜悦的专业成长之路！

致　谢

衷心感谢来自加拿大的国际著名萨提亚模式治疗大师 John Banmen 博士、来自美国的国际知名萨提亚模式治疗专家 Sandy Novak 教授、来自美国的著名 NLP 导师 Suzi Smith 女士、来自香港的著名 NLP 导师张国维博士，以及来自中国 NLP 学院的著名教练技术导师黄启团先生，读他们的著作，学他们的渊博知识和经验，是他们激励我走上一条崭新的道路。

衷心感谢多年来一直鼓励和指导我，见证我的每个闪光时刻，我成长道路上的重要他人王小棉教授。感谢远在北京，却无条件支持和帮助我的曹宇红老师。感谢我所在单位的袁成主任，为我的学习和成长提供了良好的条件和宽广的空间。感谢在我开展课题研究、班主任培训，以及本书写作的过程中给予指导和帮助的李季教授、林冬桂教授、蒋亚辉主任、郑飞卡校长以及廖华红主任等人。

衷心感谢各基地学校的校长对我工作的支持和配合。感谢一批热爱学习、勤于思考、善于创新的课题组成员（排名不分先后）：景泰小学庄巧红老师、敖美莲老师、蔡洁华老师和卢翠娥老师，颜乐天纪念中学聂林凤老师、柯静萍老师和邝君君老师，黄边小学谢燕君老师和黄燕有老师，培英中学汤爱仪老师，彭加木纪念中学徐琰老师，明德中学李建平老师，第 114 中学陈晓仪老师，螺涌小学黄丽仪老师，集贤小学张妍萱老师，红星小学张绮珊老师，夏良小学陈洁安老师，广大附属实验学校王涛老师，南园小学朱连有老师，大冈小学邓云珊老师，等等。没有你们的全情参与，我的想法无从落地；没有你们的聪明才智，教练型班主任的各种工具效果不会那么显著。

　　衷心感谢我的先生一直以来对我的支持。感谢我的儿子，从一个小学生的角度对我的书稿提出了很好的意见。感谢我的弟弟，亲手为我绘制了书中所有的图，用他的专业才能表达对我的支持。

　　还有太多太多人的支持和帮助，无法一一列举，在此一并感谢。感谢有你，让我沐浴在爱中，给予我力量，让我做更好的自己。

参考书目

1. ［美］彼得·圣吉. 第五项修炼［M］. 郭进隆，译. 上海：三联书店，1998.

2. ［美］海姆·G·吉诺特. 老师怎样和学生说话［M］. 冯杨，等译. 海南：海口出版社，2005.

3. 李中莹. 重塑心灵［M］. 北京：世界图书出版公司. 2006.

4. 黄荣华，梁立邦. 人本教练模式［M］. 北京：中国社会科学出版社，2007.

5. ［美］维吉尼亚·萨提亚，等. 萨提亚家庭治疗模式［M］. 聂晶，译. 北京：世界图书出版公司，2007.

6. ［美］罗伯特·迪尔茨. 语言的魔力［M］. 谭洪岗，译. 北京：世界图书出版公司，2008.

7. ［英］戴维·莫尔登. NLP式管理［M］. 李萌，译. 北京：东方出版社，2007.

8. ［美］阿黛尔·法伯，等. 如何说孩子才会听　怎么听孩子才肯说［M］. 安燕玲，译. 北京：中央编译出版社，2007.

9. ［美］米尔顿·埃瑞克森，史德奈·罗森. 催眠之声伴随你［M］. 萧德兰，译. 太原：希望出版社，2008.

10. ［英］约瑟夫·奥康纳，等. NLP教练［M］. 黄学焦，等译. 郑州：河南人民出版社，2009.

11. ［美］罗伯特·迪尔茨. 从教练到唤醒者［M］. 黄学焦，等译. 郑州：河南人民出版社，2009.

12. ［美］马歇尔·卢森堡. 非暴力沟通［M］. 阮胤华，译. 北京：华夏出版社，2009.

13.［美］简·尼尔森. 正面管教［M］. 玉冰，译. 北京：京华出版社，2009.

14.［以］泰勒·本－沙哈尔. 幸福的方法［M］. 汪冰，等译. 北京：当代中国出版社，2009.

15.［英］亚伦·皮斯，等. 身体语言密码［M］. 王甜甜，等译. 北京：中国城市出版社，2007.

16. 许添盛. 做自己的情绪调节师［M］. 北京：华文出版社，2010.

17.［美］埃斯特·希克斯，杰瑞·希克斯. 情绪的惊人力量［M］. 钟玉玲，译. 北京：中国城市出版社，2010.

18.［澳］苏珊·佩罗. 故事知道怎么办［M］. 重本，等译. 天津：天津教育出版社，2011.

19. 李中莹. 简快身心积极疗法（上、下）［M］. 北京：世界图书出版公司，2012.

20.［英］伊安·麦克德默特，温迪·杰高. 做自己的NLP教练［M］张小尧，等译. 郑州：河南人民出版社，2012.

21. 曹宇红，张镝. 成为教练式的领导者［M］. 北京：北京大学出版社，2012.

22. 小巫. 小巫教你讲故事［M］. 广州：新世纪出版社，2012.

23. 余新. 教师培训师专业修炼［M］. 教育科学出版社，2012.

24.［美］马歇尔·戈德史密斯，等. 领导力教练［M］. 徐中，等译. 北京：机械工业出版社，2013.

25.［荷］罗伊·马丁纳. 改变，从心开始［M］. 胡因梦，译. 昆明：云南人民出版社，2013.

26.［美］戴维·B·德雷克等. 教练式管理［M］. 黄学焦，等译. 北京：北京大学出版社，2013.

27.［美］理查德·班德勒，约翰·葛瑞德. 神奇的结构（1、2）［M］. 王建兵，译. 北京：世界图书出版公司，2014.

图书在版编目（CIP）数据

走进生命的教育：教练型班主任专业修炼 / 梁慧勤著 . —上海：华东师范大学出版社，2015.12

ISBN 978-7-5675-4549-6

Ⅰ.①走 ... Ⅱ.①梁 ... Ⅲ.①中小学—班主任工作　Ⅳ.① G635.16

中国版本图书馆 CIP 数据核字（2015）第 318891 号

大夏书系·全国中小学班主任培训用书

走进生命的教育
——教练型班主任专业修炼

著　　者	梁慧勤
策划编辑	朱永通
审读编辑	齐凤楠
封面设计	淡晓库

出版发行	华东师范大学出版社
社　　址	上海市中山北路 3663 号　邮编　200062
网　　址	www.ecnupress.com.cn
电　　话	021－60821666　行政传真　021－62572105
客服电话	021－62865537
邮购电话	021－62869887　地址　上海市中山北路 3663 号华东师范大学校内先锋路口
网　　店	http://hdsdcbs.tmall.com

印　刷　者	北京密兴印刷有限公司
开　　本	700×1000　16 开
插　　页	1
印　　张	15
字　　数	165 千字
版　　次	2016 年 2 月第一版
印　　次	2021 年 4 月第五次
印　　数	16 101-18 100
书　　号	ISBN 978－7－5675－4549－6 / G·8952
定　　价	35.00 元

出　版　人	王　焰

（如发现本版图书有印订质量问题，请寄回本社市场部调换或电话 021-62865537 联系）